230

5461

Castellane

FACTUM,

POUR Isaac de Brun de Castellanne, Ecuyer, fils de Scipion de Brun de Castellanne, Seigneur de Caille, de Rougon, & d'Entreverges, défendeur en cassation d'un Arrest qui a confirmé son Etat.

CONTRE la Dame Anne le Gouche sa tante maternelle, épouse du Sr André Rolland, Avocat General du Parlement de Grenoble; & le Sr Jean Tardivi, Conseiller en la Sénéchauffée de Graffe, demandeurs en caffation de l'Arreft contradictoire du Parlement d'Aix, les grand-Chambre & Tournelle assemblées, du 14. du mois de Juillet 1706.

A PARIS,

Chez JEAN-BAPTISTE DELESPINE, ruë S. Jacques, à l'Image S. Paul, proche la Fontaine S. Severin.

M. DCCVIII.

AVERTISSEMENT.

Q Voy qu'il ne s'agisse point au Conseil du fond de l'Affaire de M. de Caille, il a esté jugé necessaire cependant de
faire l'Histoire exacte & sincere du fait, sur lequel est
intervenu au Parlement d'Aix l'Arrest dont la cassation est demandée. Comme la plûpart des circonstances de ce fait ont
esté changées, deguisées, ou alterées dans le Memoire imprimé de Madame Rolland, on a crû devoir les remettre dans
leur estat naturel, afin de détromper le Public, & faire voir
en même-temps que l'on n'avance rien dans le Factum de M.
de Caille, qui ne se trouve justifié par les depositions des temoins des Enquestes faites de l'autorité du Parlement de Provence.

C'est pour cela que l'on a dressé les Tables qui sont à la fin
du Factum ; elles sont tres-importantes. L'on y a énoncé les
faits principaux du Procez, avec les numeros des temoins les
plus considerables de l'une & de l'autre Enqueste qui en ont
parlé. On ne les a pas mis tous, parce que cela eust esté trop
embarrassant. Il y en a aussi quelques-uns de citez dans le
cours du Factum, à la fin desquels on met un &c. pour ne pas
trop charger les marges, en y en mettant un plus grand nombre.

Les Temoins de l'Enqueste de M. de Caille sont marquez
par un C. & ceux de l'Enqueste de Madame Rolland sont dé-
signez par un R.

Depuis mes jeunes ans j'esprouve avec constance
Les divers caprices du Sort,
On vouloit me ravir l'honneur de ma naissance
Et me prouver que je suis mort;
Mais le ciel protecteur de la foible innocence
Sur la tempeste mesme enfin m'a mis au port.

FACTUM,

POUR Isaac de Brun de Castellanne Ecuyer, fils de Scipion de Brun de Castellanne, Seigneur de Caille, de Rougon, & d'Entreverges, défendeur en cassation d'un Arrest qui a confirmé son état.

CONTRE *la Dame Anne le Gouche sa tante maternelle,* *épouse du Sieur André Rolland, Avocat General du Par-* *lement de Grenoble ; & le Sieur Jean Tardivi, Conseiller* *en la Sénéchaussée de Grasse, demandeurs en cassation de* *l'Arrest contradictoire du Parlement d'Aix, les Grand'-* *Chambre & Tournelle assemblées, du quatorze du mois* *de Juillet 1706.*

A prévention est la plus grande enne-mie de la Justice, parce qu'elle détourne de ses voyes ceux qui doivent la rendre ; elle est d'autant plus dangereuse qu'on luy laisse prendre un empire dont on ne s'apperçoit pas, & qu'elle passe facile-ment de l'esprit dans le cœur ; on est persuadé que dans une cause d'un aussi grand poids qu'est

A

celle qui se presente, où tout le monde semble s'interesser;
le public, en Juge équitable, ne prendra aucun party qu'a-
prés avoir vû & examiné les raisons de part & d'autre.
Une affaire injuste ne doit pas estre jugée meilleure, parce
qu'elle est soûtenuë avec adresse, & traitée avec esprit,
sur-tout lorsqu'elle n'est appuyée que sur des faussetez.
On sçait trop, pour s'y laisser surprendre, que l'artifice
le plus recherché est toûjours le partage du mensonge; la
verité aime à paroistre dans sa noble simplicité; & on ne
la trouve jamais plus brillante que lorsqu'elle est sans or-
nemens.

Depuis qu'il y a des Juges établis pour decider du sort &
de la fortune des hommes, il n'y a peut-estre jamais eu de
cause plus importante, ni qui soit mêlée d'évenemens si
singuliers que celle du Sieur de Caille.

On y voit la verité & le mensonge se combattre comme à l'envi, par des preuves qui touchent, qui surprenent,
& qui paroissent convainquantes de part & d'autre. Un
fils unique desavoüé par son pere; la fausse Religion sur-
monter la nature; de proches parens déchaînez pour faire
perir un innocent, dont tout le crime a esté de s'estre
rendu Catholique; une Nation entiere s'interesser à faire
passer ce fils pour mort sur des apparences, dont on con-
noîtra sans doute l'illusion par un dénoüement qui tient du
merveilleux.

Le défendeur dénué de tout secours, incapable d'aucune
application, sans intelligence pour les affaires, est tombé
dans de grandes fautes, dont il n'avoit pas prévû ni senti
les conséquences; la necessité l'a obligé de prendre certains états qui ne convenoient point à sa qualité; & dans
quelques conjonctures, guidé par de mauvais conseils,
il s'est étrangement oublié; tantost il a pris, pour se cacher,

le nom de *Pierre Mege*, fils d'un Cardeur du lieu de Joucas, & tantoſt, ne pouvant ſupporter qu'on refuſât à ſa naiſ-fance les honneurs qui luy étoient dûs, il a repris ſon veritable nom, & s'eſt dit, *fils du Sieur de Caille* de Ma-noſque.

Il a paru par les dépoſitions d'un grand nombre de té-moins, que le deffendeur renfermoit en ſa perſonne *deux fils du Sieur de Caille*, tres-differens par l'eſprit, par la taille, par le viſage; & en même-temps *deux Pierre Mege*, tres-diſ-femblables par la ſtructure du corps.

L'on a voulu perſuader que le deffendeur avoit deux femmes vivantes : l'une, s'il eſt permis de le dire, eſt d'une vie ſcandaleuſe, qui pour le diffamer & le per-dre, s'eſt hazardée deux fois de venir le reclamer juſ-ques aux pieds de Sa Majeſté, comme s'il eſtoit encore ce Pierre Mege dont il avoit emprunté le nom pendant ſon deſordre: & l'autre, eſt d'une bonne famille, pleine d'hon-neur, que le deffendeur, comme veritable fils du Sieur de Caille a épouſée, depuis l'Arreſt confirmatif de ſon eſtat.

La ſincerité & la franchiſe paroiſſent ſur le viſage & dans les manieres, auſſi-bien que par les diſcours ſimples & non étudiez du deffendeur : mais la bonté de ſon cœur, la fermeté de ſa contenance, & ſon genie incapable de ſoû-tenir le perſonnage d'un homme ſuppoſé, font voir que c'eſt juſtement qu'il a triomphé de ceux qui le perſecu-toient; parce que *la verité & la juſtice* l'ont viſiblement ſoûtenu contre ſes plus cruels ennemis, pour luy conſerver avec la vie, l'honneur de ſa naiſſance, & la pureté de ſa foy.

La plus grande peine que ſouffrira le deffendeur dans l'hiſtoire qu'il va faire de ſes malheurs, eſt d'eſtre obligé de découvrir des faits qui ne peuvent que déplaire à celuy qui luy a donné l'Eftre. S'il n'eftoit queftion que d'un intereft civil, ou des biens de la fortune, quelque confiderable qu'elle peuft eftre, le deffendeur fe condamneroit luy-même à un perpetuel filence, plûtoft que de donner le moindre chagrin à fon pere ; mais comme il s'agit de deffendre un Arreft qui luy a rendu *fon eftat, & qu'il n'a efté perfecuté que pour avoir embraffé la veritable Religion*, ce feroit en quelque façon abandonner fa foy, & violer celle qu'il doit à fa femme, auffi bien qu'à fa famille, que de ne pas dévoiler devant le Tribunal augufte de Sa Majefté, toutes les veritez importantes de cette affaire, & de ne pas diffiper les nuages dont la malice des hommes s'eftoit efforcée de l'envelopper.

Il ne s'agit plus de fçavoir, fi le deffendeur eft *fils du Sieur de Caille*, ou s'il eft *Pierre Mege* ; c'eft une chofe decidée, *il eft fils du Sieur de Caille*. Il n'eft queftion prefentement au Confeil, que de juger fi l'Arreft contradictoire qui luy a rendu fon eftat, eft fufceptible de caffation ou non. Mais quoy qu'il ne s'agiffe nullement de la queftion d'Eftat au fonds, le deffendeur cependant fe croit dans la neceffité, avant de difcuter les pretendus moyens de caffation, & d'expliquer fes fins de non-recevoir, de faire une peinture exacte, naïve & fincere de fa vie, afin de faire connoiftre la verité, qui pour fon malheur n'a efté que trop alterée.

F A I T.

SCipion de Brun de Caftellanne, Seigneur de Caille, pere du deffendeur, eft d'une noble, ancienne & riche famille de Provence : Ce Gentilhomme, avancé en âge, a fuccé avec le lait les erreurs de Calvin, aufquelles il

a toûjours esté aveuglement attaché ; capable de grandes
entreprises , prompt & entier dans ses resolutions , il a eu
toute sa vie des passions tres-vives, qui se declareront assez
dans la suite de ce recit.

Il épousa en 1655. la Demoiselle Judith le Gouche, de
même Religion que luy. Il en eust plusieurs enfans :
Le deffendeur est le seul fils legitime qui reste. Il nâ-
quit à Manosque environ l'année 1670. & on luy donna
le nom d'Isaac sur les Fonds Baptismaux.

On n'a pû sçavoir précisément le jour de sa naissance ,
parce que l'Acte de son Baptême a esté détourné avec le
Registre des Huguenots de Manosque, comme si par une
prévoyance humaine on avoit voulu dès ce temps-là le ti-
rer du Livre des vivans, de même qu'on voudroit aujour-
d'huy l'en oster du nombre. Cependant, suivant la déposition de plusieurs témoins de son enqueste , on présume 18.27.29.
qu'il peut estre dans sa trente-six ou trente-septiéme an- 33.&c.C.
née, puisqu'ils declarent qu'en 1685. lorsque son pere &
luy sortirent du Royaume , il n'avoit que quatorze à quinze ans.

Le deffendeur n'est pas né heureux ; sa physionomie
paroist aussi extraordinaire que les evenemens de sa vie
l'ont esté jusqu'à ce jour. Il n'a pas eu les talens de l'esprit,
ni l'amour des sçiences en partage : il a esté sujet dans son
enfance à des fluxions fâcheuses qui luy ont causé de grands 3. 4. 5. 8.
maux , sur-tout aux yeux qu'il a toûjours eu , & qu'il a en- 14. 21.
core tres-foibles ; cela joint à une delicatesse de tempera- &c. C.
ment , & à un caractere d'esprit fort *volage* , luy donna une
extrême aversion pour l'étude.

Il estoit , suivant les propres termes des témoins , *d'un
naturel badin & folâtre , d'un esprit leger , toûjours prest à
faire ce qui ne convenoit point à un enfant de condition, com-*

A iij

27. 51. 52.
54. 64. 72.
76. 80. 84.
85. 86. &c.
C.

me il eſtoit. Il avoüe avec douleur, que dans ſa jeuneſſe il a eſté d'une humeur tres-difficile à goüverner, qu'il ne vouloit rien apprendre, qu'il n'a jamais pû s'aſſujettir à lire ni à écrire; qu'à peine ſçait-il ſigner ſon nom. Qu'au lieu de vouloir apprendre quoy que ce ſoit, il jettoit ſes Livres avec emportement. Qu'à tous momens *il cherchoit querelle, & ſe battoit avec les enfans de ſon âge; & qu'il vivoit avec eux ſans diſtinction.*

Ainſi il ne faut pas s'étonner, ſi nonobſtant les égards qu'on avoit à Manoſque pour le fils du Sieur de Caille à cauſe de ſa qualité, il y euſt un jeune homme qui dans ſon bas âge le bleſſa d'un coup de pierre dont il porte en-

23. 24. 25.
42. 43. 47.
&c. C.

core au-deſſus du ſourcil gauche la cicatrice qui a ſervi depuis à le faire connoître quand le Parlement d'Aix a jugé ſon eſtat.

Quelque temps après cette bleſſure, la mere du deffendeur mourut. Ce fuſt une perte conſiderable pour luy, parce qu'il fuſt moins menagé, & plus expoſé qu'auparavant à toute l'Antipathie de ſon pere. Les plaintes continuelles qu'on luy faiſoit du deffendeur, joint à ce qu'il ne vouloit rien apprendre, firent que ſon pere le negligea & le mépriſa extrêmement. Lorſque quelques parens, amis ou eſtrangers venoient le viſiter, il faiſoit auſſi-toſt

14. 28. 43.
94. 97.
107. &c.
C.

retirer le deffendeur, afin qu'il ne parut pas avoir un fils, dont l'éducation ne luy faiſoit pas honneur, & qu'il croyoit indigne de luy ſucceder.

Ce furent là les premieres marques que le Sieur de Caille donna de l'éloignement qu'il avoit pour ſon fils; & cette averſion ne s'eſt que trop augmentée depuis, par l'inclination que ce fils témoignoit pour l'Egliſe Romaine dont il veneroit les ceremonies, & qui marquoit à toutes rencontres le reſpect qu'il avoit pour les Religieux & pour les

Preftres. Il n'en falloit pas davantage pour déterminer un Calvinifte auffi zelé que l'eft le Sieur de Caille, non feulement à ne plus reconnoître fon fils dans la perfonne du deffendeur, mais encore à l'enfermer, à le charger de coups, & à luy donner des noms infultans qui exprimoient jufques à quel excès il portoit fa haine contre les Religieux & contre fon propre fils, qu'il difoit fouvent eftre plus à eux qu'à luy.

Le Sieur de Caille pere, fuivant les mouvemens de fon indignation contre ce fils malheureux, avoit prié fes parens & fes amis de même fecte, de le maltraiter toutes les fois qu'ils le verroient entrer dans une Eglife : & un jour le Sieur de Caille luy-même ayant fçû qu'il y avoit efté, le pourfuivit vivement. Le deffendeur en fuyant fe laiffa tomber rudement fur le genoüil gauche, où il avoit eu auparavant des humeurs froides, qui font un mal de famille. Cette chûte luy caufa une tumeur fi confiderable, qu'il y falût appliquer le fer ; & les diverfes cicatrices qui luy en font reftées, ont efté autant de témoins muets, & neanmoins tres-parlans de la rigueur de fon pere, qui l'ont fait reconnoître pour ce même fils qu'il avoit pourfuivi à cette occafion.

24.25.34. 42.43.47. 64. 69. &c. C.

Le pere du deffendeur, voyant que quelques précautions qu'il euft prifes pour reduire fon fils à ce qu'il fouhaitoit, il n'avoit rien pû gagner fur luy pour fa profeffion de foy, ni pour fes études, l'envoya à Geneve avec un homme de confiance. Il crût que le féjour qu'il feroit dans cette Ville, une des plus importantes qu'occupent les prétendus Reformez, pourroit le fixer à quelque chofe, & luy donner plus de goût qu'il n'en avoit encore eu pour la Religion Proteftante ; mais le deffendeur y fuft à peine arrivé qu'il tomba malade, & la Dame de Caille fon aycule paternelle le fit auffi-toft revenir à Manofque pour reprendre fon air natal.

Le deffendeur eft fenfiblement touché de la dure, mais indifpenfable neceffité où il fe trouve, de faire remarquer que le Sieur de Caille fon pere ayant de fecrets engagemens avec des Puiffances étrangeres ennemies de la Couronne de France, eftoit de plus fi fortement attaché à fa Religion, qu'il auroit facrifié fans peine toutes chofes au monde pour en procurer le foûtient, & la propagation dans le Royaume.

Cette difpofition de cœur, & ces raifons preffantes le firent fonger à fe retirer dans les païs étrangers, dès qu'il pût connoître que la Religion Pretenduë Reformée alloit eftre profcrite en France, par le zele ardent que Sa Majefté a toûjours eu pour la foy Catholique.

Il fuft voir à ce fujet M. le Marquis de Valavoire fon intime ami, qui ayant fait fon poffible pour le détourner d'une refolution fi dangereufe, le pria de luy laiffer du moins fon fils. Le Sieur de Caille pere réjetta cette propofition comme fi elle l'euft porté à faire un facrilege; furquoy le deffendeur, qui eftoit prefent, âgé d'environ quatorze ans, luy dit : *Mais, mon pere, quand noftre argent fera fini, que deviendrons-nous ? Vous fervirez*, dit le pere dans fon entêtement contre la Religion Catholique, *vous fervirez de Laquais, moy de Palefernier, voftre grand-mere & vos fœurs de filles de Chambre.* Puis fe retournant vers M. de Valavoire, il ajoûta : *Si ce malheureux vouloit demeurer pour changer de Religion, j'en ferois plûtoft un facrifice.*

Cependant dans la jufte crainte où eftoit continuellement le Sieur de Caille pere, d'eftre furpris fur les liaifons étroites qu'il avoit avec des Princes Proteftans, il feignit
d'aller

d'áller à fes Terres ; & aprés avoir fait charger fur des mulets tout ce qu'il avoit de plus précieux , & laiffé le refte de fes effets à fes amis affidez , il prévint de quelques jours la publication de l'Edit du mois d'Octobre 1685. qui revoqua celuy de Nantes , & fortit brufquement de Provence avec un mafque fur le vifage.

En même-temps il fit partir par petites troupes, & par differens chemins la Dame fa mere , fes deux filles enfermées dans deux caiffes en guife de balots, la Dame de Lignon fa fœur, avec fes enfans , & tous leurs domeftiques. Ils arriverent à Nice. Le Sieur de Caille le pere y vendit fa vaiffelle d'argent pour une fomme confiderable ; il paffa enfuite à Geneve , & de-là fe rendit à Laufane en Suiffe , où il fixa fon féjour.

Pendant cette marche le deffendeur ayant témoigné imprudemment à quelques domeftiques le defir qu'il avoit de retourner en Provence , cela irrita fi fort fon pere , qu'étant arrivez à Laufane, lieu de retraite affurée, il recommença à le maltraiter beaucoup plus qu'auparavant, jufques à le tenir même à l'attache comme un malheureux efclave.

Dans cette trifte fituation le deffendeur chercha les moyens de s'échapper d'auprés de fon pere. Il en avoit fait diverfes tentatives en fe cachant dans quelques maifons de campagne aux environs de Laufane , d'où on l'avoit fait revenir. Mais le Sieur de Caille le pere n'efperant pas de pouvoir le retrouver toûjours , appréhenda qu'à la fin ce fils, qu'il regardoit comme dénaturé à fon égard , ne revint en France pour s'y rendre Catholique ; c'eft ce qui l'engagea dés-lors à prendre des mefures avec le Sieur Rolland fon beaufrere , pour empêcher que le deffendeur ne joüit jamais des biens qu'il avoit laiffez en Provence.

B

53. 154. 340. C.
Le deffendeur cependant perfiftoit toûjours dans un ardent defir de revenir en fa patrie, ne voyant perfonne à
Laufane qui parlât de Provence, qu'il ne le luy témoi-
gnât. Il luy échapoit même de s'en expliquer trop franchement & fans précaution devant fon pere ; & comme
un Provençal vint à dire un jour devant luy au Sieur de
Caille, & à la Dame fa mere, *qu'on les regrettoit fort à Ma-*
55. C. *nofque*, le deffendeur repartit tout haut, *J'efpere bien de*
m'y voir un jour. Surquoy fon pere le prit par les cheveux,
le maltraita cruellement, en luy difant : *Malheureux , je*
fçauray bien, en te caffant les bras & les jambes, t'ôter l'en-
vie de t'en retourner. Une pareille envie dans le deffendeur,
jointe à la repugnance naturelle qu'il avoit d'aller au Prê-
che, acheverent d'aliener entierement l'efprit de fon pere,
& d'animer tellement fa colere contre luy , qu'en luy don-
nant fa malediction, il le frappoit à coups de nerfs de bœuf
avec tant de violence, qu'il luy en refte encore quelques
216. 320. marques fur le corps. Il le fit enfermer, & le tint plufieurs
C.
jours au pain & à l'eau , faifant croire *qu'il eftoit devenu*
fol, ce qui étoit capable de le conduire en effet à une veritable folie, & même à la mort.

Mais foit que le Sieur de Caille apprehendât que le procedé inhumain qu'il tenoit avec ce fils infortuné , ne fut
blâmé comme trop cruel, foit qu'il eût formé quelqu'autre deffein fur luy, comme il y en a eu de grands foupçons,
qui fe découvriront peut-eftre plus à fonds dans la fuite,
il le mena de Laufane à Geneve en l'année 1690.

Ce fut en ce temps-là que le Sieur Rolland, qui depuis
quelques années avoit abjuré la Religion Proteftante, arriva à Geneve pour apporter de l'argent au Sieur de
Caille fon beau-frere. Le deffendeur le vit alors pour
la premiere fois , & fut témoin qu'il fit la Cene dans

le grand Temple de cette Ville.

Le Sieur Rolland d'abord, aprés un coup si hardy pour un Officier de Cour Superieure nouvellement converti, se retira promptement de Geneve. Aprés son départ le Sieur de Caille pere enferma le deffendeur dans une Ecurie, où il n'avoit qu'un peu de paille pour se coucher , le faisant jeûner au pain & à l'eau : Mais il se délivra bien-tost aprés de ce triste état par le secours d'une servante , qui eût pitié de sa misere, & luy donna moyen de s'évader au mois de Decembre de la même année 1690.

Au sortir de Geneve le deffendeur trouva des Muletiers qui alloient en Piedmont. Il fut rencontré ensuite dans le païs par des Barbets qui l'enrôllerent pour le Duc de Savoye dans le Regiment de Salusses. Il demeura quelque temps à Turin, où il fit connoissance avec le nommé Silvy , qui le reconnut depuis à Toulon , & qui le servît même utilement en son affaire, jusqu'à ce que le Sieur Rolland l'eut enlevé au deffendeur , & l'eut engagé dans ses interests, comme il a esté justifié au procés.

A quelque temps de-là le deffendeur fut pris par un party de l'Armée du Roy, commandée par *M. le Maréchal de Catinat :* ayant demandé à parler à ce General , il luy dit : Qu'il étoit le fils du Sieur de Caille, les raisons qu'il avoit euës de quitter son pere , la necessité où il avoit esté de s'enrôler parmi les ennemis ; & luy demanda la permission de revenir en France. M. le Maréchal de Catinat la luy accorda, & luy donna un Passeport, par le moyen duquel il fust à Nice, où il se mit dans la Milice de Provence. Le deffendeur ne fit pas connoître d'abord qui il étoit : mais peu aprés sa qualité se manifesta d'elle-même à tout le monde, par un coup de hazard assez particulier.

Un jour que M. le Chevalier de la Fare , Gouverneur

1. 23. 69. 83. 84. 102. 138. 146. 154. 248. 264. &c. C.

208. 220. 234. C.

186. 229. C.

208. 219. C.

de la Ville de Nice, devoit donner à dîner à des perſonnes de diſtinction, le deffendeur fut mis en ſentinelle à la porte du jardin du Palais : il vit paſſer un baſſin d'argent à vuide, qu'il reconnut avoir eſté à ſon pere par les Armoiries qui y étoient encore gravées ; attendri par la vûë de cet objet, il ne pût retenir ſes larmes. On luy demanda le ſujet de ſon affliction, ſes pleurs redoublez furent ſa premiere réponſe ; enſuite il tira de ſa poche ſon cachet où étoient les mêmes Armes, & declara qu'il étoit le fils du Sieur de Caille, à qui ce baſſin avoit appartenu. Le Gouverneur averti de l'avanture, voulut voir le Soldat ; il l'interrogea ſur pluſieurs faits concernant ſa famille, & luy fit honneſteté.

Peu de temps aprés la Milice de Provence fut congediée. Le deffendeur ſe rendit à Marſeille ; ſon malheur voulut qu'il fit connoiſſance avec des femmes nouvellement converties, qui dans le fonds étoient encore Huguenotes. L'une étoit la mere, d'autres les ſœurs, & la derniere nommée *Honnorade Venelle*, étoit la femme de *Pierre Mege*, fils d'un Cardeur du lieu de Joucas, dont le pere avoit été condamné aux Galeres pour fauſſe monnoye.

Le deffendeur étoit jeune & ſans experience ; on luy fit craindre la rigueur des Ordonnances, qui condamnent à mort ceux des Reffugiez qui venoient des païs Etrangers ſans avoir abjuré leur Hereſie ; ce qui l'obligea de ſe tenir caché, & à la perſuaſion de ces femmes, de prendre le nom & la place de *Pierre Mege* qu'elles croyoient mort.

Il s'enrôla ſous ce faux nom de *Pierre Mege*, ſur la Galere la Fidele ; il y ajoûta ſeulement ce mot de guerre, dit *ſans regret*. Il paſſa quelques années dans ce déplorable état, qui a été certainement la plus honteuſe epoque de ſa vie : il n'avoit pas moyen de ſubſiſter ; il fit d'un Baume & des onguents dont ſa grand'mere de Caille luy avoit appris le secret dans sa jeunesse, en l'y faisant travailler avec elle : il en debita aux *Bastides* ou maisons de campagne du terroir de Marseille, dont il retira quelque argent.

Depuis ayant quitté le service sur les Galeres, il alla à Toulon, où il s'engagea au Sieur de Ligondez pour Soldat sur les Vaisseaux, toûjours sous le nom de *Pierre Mege dit Sans-Regret*. Il y avoit dans cette Ville un Menuisier appelé *Jean-Pierre d'Amphoux*, qui avoit esté autrefois Domesti-que du Sieur de Caille pere, sous le nom de *la Violette* : Il reconnut le deffendeur pour le fils de son ancien Maître, le détourna de ses égaremens, & luy conseilla de faire son abjuration ; ce qu'il fit sous la direction du R. P. de la Fare Jesuite, entre les mains du grand Vicaire du Sieur Evêque de Toulon, le dix d'Avril 1699. & depuis, plusieurs person-nes, même de ses plus proches, le reconnurent ; & il n'a esté desavoüé que par ceux qui estoient en possession de ses biens, ou qui pouvoient y avoir quelque prétention. *15. 17. 26. 69. 188. 193. 194. &c.* C.

Le Sieur Rolland, & ses autres parens qui joüissoient des biens du Sieur de Caille en Provence, avoient des gens affidez qui veillans continuellement sur le deffendeur, luy tendoient des pieges, & tâchoient de luy faire faire quel-ques fausses démarches pour le perdre. Dés qu'ils eurent appris qu'il avoit abjuré le Calvinisme, ils resolurent de le traiter d'imposteur.

Le Sieur de Caille le pere, de concert avec ses parens, qui sans doute sont encore dans le cœur de même Communion que luy, poussez par les motifs d'un interest commun, chercherent tous les moyens imaginables pour perdre le deffendeur ; jusques-là qu'ils voulurent, par un contraste assez bizarre, persuader que le deffendeur, comme fils du sieur de Caille *estoit mort*, & comme Pierre Mege, qu'il *estoit vivant*.

Il ne fut pas difficile à des gens puiſſans, & accreditez chez les Proteſtans, de faire faire, ſans appeler partie, ni ſans Ordonnance d'aucun Juge ſaiſi de la conteſtation, des Enqueſtes en Suiſſe, compoſées la plûpart de Proteſtans refugiez des Cevennes, qui ont témoigné, *que le fils du Sieur de Caille eſtoit mort de Phtiſie à Vevay le 15. Fevrier 1696. pour s'eſtre trop appliqué aux Mathematiques.* Cependant le deffendeur a prouvé par vingt-trois dépoſitions qui ont eſté rapportées au Procez, qu'il s'eſtoit ſauvé de Geneve, & qu'il y avoit du myſtere dans cette prétenduë mort : il a fait connoiſtre, par une infinité de témoignages conſtans & indubitables, qu'il eſtoit veritablement fils du Sieur de Caille; & que bien loin d'avoir ſçû les Mathematiques, il n'avoit jamais pû s'appliquer à lire ny à écrire à cauſe de ſes infirmitez ; & il declare de plus, que de ſa vie il n'a eſté à Vevay.

Neanmoins ſur ces prétenduës Enqueſtes, ſoûtenuës par l'artifice & les intrigues du Sieur Rolland, il y eut d'abord un Ordre de la Cour pour tenir aux arreſts ſur l'Amiral, *le Soldat des Vaiſſeaux nommé de Caille.* On n'oublia rien deſlors pour tâcher de le faire paſſer pour deſerteur, & le faire perir par un Jugement Militaire. Il rencontra pour ſon bonheur, parmi les principaux Officiers de la Marine, des perſonnes integres & éclairées, & entr'autres M. le Chevalier d'Infreville premier Chef d'Eſcadre, qui eurent la genereuſe charité de le proteger. Mais ſes adverſaires firent venir un nouvel ordre pour le remettre entre les mains des Juges de la Seneſchauſſée de Toulon.

C'eſt dans ce premier Siege qu'a commencé *l'action criminelle en ſuppoſition de nom & de perſonne* contre le deffendeur. Il y euſt d'abord des Informations contre luy : il y trouva des Juges intereſſez, prévenus & ſuſpects, qui ne voulurent point entendre des témoins de sa part, mais seulement de celle des Parties adverses.

Il presenta deux Requestes afin d'estre conduit à Manosque lieu de sa naissance pour y estre reconnu, ce qui luy fust accordé. Neanmoins parce que les Juges de Toulon ne peurent aller faire cette procedure hors de leur ressort, ils rendirent des Ordonnances sur ses propres Requestes, des 21. & 27. Novembre 1699. portant, *que le deffendeur répondroit sur les Informations.*

Il appela de ces Ordonnances, & par une autre du second Decembre suivant, il fust dit, que les Requestes des 21. & 27. Novembre seroient jointes au Procez Criminel.

Le lendemain troisiéme Decembre il fust prononcé par le même Juge, que les témoins de la Dame Rolland qui avoient esté entendus, & ceux qui ne l'avoient pas esté, & *estoient à oüir,* seroient recolez & confrontez avec l'accusé.

Mais une Procedure si précipitée & si peu juridique fust arrestée par l'appel des Ordonnances des 21. & 27. Novembre, que le deffendeur releva au Parlement d'Aix le 4. Decembre suivant.

Il importe de remarquer, que les Parties ayant plaidé sur cet Appel, il intervint Arrest au Parlement de Provence le *13. Janvier 1700. qui renvoya le Prisonnier aux premiers Juges de Toulon pour y continuer la Procedure Criminelle jusqu'à Sentence diffinitive inclusivement.* On fera voir que l'inexecution de ce Jugement n'est arrivée que par le propre fait du Sénechal de Toulon & des Parties.

Arrest du 13. Janvier 1700.

Sur ce renvoy il fut procedé extraordinairement; & il y eust des Conclusions à mort contre le deffendeur: mais par Sentence du *huitiéme Mars 1700.* le premier Juge renvoya les Parties au Parlement pour y proceder sur les Appellarions interjettées de ſes divers Decrets precedens.

La Dame Rolland appela incidemment de ce Jugement au Parlement d'Aix, par *Requeſte du 24. du meſme mois de Mars 1700.* & le deffendeur par *Requeſte du 5. May ſuivant, releva l'Appel par luy interjetté dés le premier Decembre precedent, de la Permiſſion d'informer, comme de la Procedure faite en conſequence contre luy, & de tout ce qui s'en eſtoit enſuivy.*

Arreſt du 28. Juin 1700.

Surquoy intervint Arreſt contradictoire de la Cour, la Grand'Chambre & Tournelle aſſemblées, par lequel il „ fuſt ordonné : „ Qu'avant dire droit aux Appellations, „ fins & concluſions des Parties, ſans préjudice du Droit d'i- „ celles, & des preuves reſultantes du Procez, & ſans que les „ qualitez puiſſent nuire ny préjudicier aux Parties ; *A per- „ mis & permet audit Soldat de prouver par toute ſorte de ma- „ niere de preuves, eſtre Iſaac de Brun de Caille, fils de Scipion „ de Brun de Caille,* & partie au contraire ſi bon luy ſemble „ dans trois mois, pour ce fait communiqué au Procureur „ General du Roy, & rapporté, eſtre ordonné ce qu'il appar- „ tiendra par raiſon, dépens reſervez.

Arreſt du 28. Juin 1700.

Depuis cet Arreſt rendu ſur la propre Requeſte de la Dame Rolland du 25. Juin, tendante afin d'execution du precedent Arreſt, par laquelle elle demanda elle-même d'avoir M. de Boyer pour Rapporteur; il intervint encore un autre Arreſt auſſi contradictoire du même Parlement le 28. Juin 1700. par lequel il fut ordonné entr'autres cho- „ ſes : „ Qu'il ſeroit procedé à l'execution du precedent Ar- „ reſt par M. de Boyer Conſeiller, tant en la Ville d'Aix „ que hors d'icelle, pendant les Vaccations, & à ces fins „ accedera ſur les lieux ; & permis à la Dame Rolland & „ Conſorts de faire proceder à leur Enqueſte contraire, con- „ formément à l'Ordonnançe, & à l'Arreſt, à leurs frais &

dépens ;

dépens : Enjoint au Geolier de traduire à bonne & sauve- «
garde le Prisonnier à la suite du Sieur Commissaire , pour «
estre representé aux témoins si besoin est, & pour le sur- «
plus des fins de la Requeste de la Dame Rolland & de ses «
Consorts, pour faire commettre les Officiers *in partibus* , «
hors de la Monarchie : Ordonne que ladite Requeste sera «
mise dans le Sac , pour en jugeant le Procez y estre fait droit «
s'il y écheoit. «

Il y a eu diverses Requestes volontairement données
par les Parties à fins diffinitives au Parlement d'Aix. Le
deffendeur a esté pendant prés de huit ans dans une pri- 189. C.
son, qui au commencement fut tres-dure, puisqu'à Toulon on l'avoit fait mettre, sans sujet, dans un cachot d'une
infection affreuse ; ce qui marque combien le deffendeur
y estoit exposé à la rage de ses ennemis. Il en a ressenti de
si terribles effets, que c'est par une espece de miracle qu'il
est encore au monde, aprés tous les efforts qu'ils ont faits,
& les moyens qu'ils ont mis en usage pour l'en ôter.

Depuis que le Parlement de Provence a connu de son 42.43.69.
affaire , plus de six cens témoins ont esté oüis en Justice. 272. 300.
Presque tous l'ont reconnu pour le fils du Sieur de Caille à l'air 371. C.
de son visage, à un os pointu qu'il a derriere la tête comme son 33. 43. 50.
pere, à ses cheveux bruns & abbatus, à la marque d'un coup 51.61. C.
de pierre sur le sourcil gauche, aux cicatrices de deux coups de 10.23. 24.
lancettes qu'on luy donna sous les yeux pour les fluxions qu'il 25.42.43.
y avoit, à une oreille qu'il avoit apportée en naissant, entie- 47. 117.
rement collée à la tête , d'où on l'a detachée par une operation 124. C.
de Chirurgie, aux marques des maux considerables qu'il avoit 50.69.111.
eus au genoüil, & à un pied dont il fait voir les cicatrices ; à 300. C.
sa taille mince, à ses yeux chargez, à sa voix gresle & feminine , 34.42.43.
& enfin à tous ses gestes & façons d'agir. 80.120.C.
24. 25.47.
64.69.80.
104. 124.
35.170.C.
14. 28. 29. 50. 51. 54. 58. 61. 94. 95. 93. 81. 116. &c. C. 3. 4. 5. 8.

62. 63. 73.
150. 151.
167. 179.
208. 229.
362. 363.
365. 368.
372. &c.
C.

* 98. 155.
&c. R.

D'autres qui avoient connu le veritable *Pierre Mege*, font demeurez d'accord, * *que le deffendeur ne l'eſtoit pas ; parce que Pierre Mege eſtoit d'une figure & d'un âge tout different. Il tomboit du haut-mal, il avoit de larges épaules, une mouſtache noire & épaiſſe, une voix mâle, des jambes renforcées, une taille baſſe, une verüe groſſe comme une noiſette en un endroit ſecret ;* ainſi l'on reconnût que le deffendeur, qui n'a point les incommoditez de *Pierre Mege*, qui eſt d'une taille haute & mince, a les jambes menuës, & n'a point de barbe, n'eſtoit nullement celuy pour qui on le vouloit faire paſſer.

Le deffendeur fut depuis conduit par le Sieur de Boyer Commiſſaire, à la Ville de Manoſque lieu de ſa naiſſance, où il fut reçû avec des acclamations publiques, & reconnu pour le vray fils du Sieur de Caille par plus de dix mille perſonnes de tous âges, de tous ſexes, & de tous eſtats, comme citoyens, voiſins & compatriotes, qui l'avoient familierement vû & frequenté depuis ſon bas âge juſques au temps de ſa ſortie hors du Royaume en 1685. qu'il avoit 14. ou 15. ans.

On luy trouva de l'air de ſes parens & parentes. La Dame Rolland elle-même, qui eſt ſa tante maternelle, porte ſur ſon viſage, malgré les précautions qu'elle prend pour s'en deffendre, la preuve vivante que le deffendeur eſt ſon neveu, par la reſſemblance viſible qu'il y a entr'eux.

D'ailleurs il a des marques ſecrettes & ineffaçables qui le diſtinguent de tous les autres hommes ; de ſorte qu'il n'eſtoit pas poſſible à des yeux ſinceres & non prévenus de le méconnoître ; & l'on peut dire qu'il n'y a jamais eu de preuve plus complette ny plus convainquante que celle qui l'a confirmé dans ſon Eſtat.

Les demandeurs d'un autre coſté firent leur preuve la

plus forte qu'ils pûrent. Le Sieur Rolland n'oublia rien de
ce qu'il fçavoit dans la pratique des Procedures ; il indiqua
divers témoins recherchez avec foin, pour faire croire par
leurs depofitions affectées que le deffendeur étoit *Pierre
Mege de Joucas*, & non *le fils du Sieur de Caille de Manofque*. Mais il a efté juftifié au Procez, que la plûpart de
ces témoins mandiez avoient efté fubornez par le Sieur Rolland ou fes emiffaires ; qu'on en avoit juftement reproché
la plus grande partie ; qu'il y avoit eu plufieurs fauffes pieces
produites. Il fut verifié de plus, par des rapports d'Experts
acquiefcez, & contre lefquels on ne s'eft point pourvû,
que le Sieur Rolland, qui par fon devoir & fa qualité d'A-
vocat General d'un Parlement eft la partie publique contre les fauffaires, avoit fait un tres-grand nombre d'alterations de fa propre main, fur-tout dans le Cahier des revelations des témoins dont il avoit compofé fa prétenduë
preuve : & comme ces revelations faites au fujet d'un Monitoire, font des chofes facrées, & qui doivent eftre d'un
fecret impenetrable, le Curé de Rouffillon qui les avoit
reçûës, & qui eftoit complice des alterations que le Sieur
Rolland y avoit faites, par la lâche complaifance qu'il avoit
euë de les luy abandonner, a efté pour cela decreté de
Prife de corps.

On découvrit encore que le même Sieur Rolland avoit
féduit & corrompu ceux qui avoient la conduite des affaires du deffendeur, qu'il avoit fuborné un grand nombre
de témoins, pour leur faire foûtenir qu'il eftoit *Pierre Mege
de Joucas, mary d'Honnorade Venelle* ; & qui pour le faire
condamner comme un fcelerat, l'accufoient de plufieurs
crimes que le veritable Mege avoit commis : enfin on découvrit que par le plus noir procedé du monde, le Sr Rolland
avoit fait attenter par le fer & par le poifon fur la vie du deffendeur.

C ij

On n'accuſe pas cependant de fauſſeté generalement tous les témoins qui reconnoiſſent le deffendeur pour *Pierre Mege* ; mais comme ils n'ont point connû le veritable Mege, & qu'ils n'ont vû le Sr de Caille que dans le temps qu'il avoit pris ce nom, il n'eſt pas extraordinaire qu'ils declarent ce qu'ils ont crû ; ils avancent des choſes qui ne ſont pas vrayes, mais qu'ils ont crû telles, ſans être pour cela des faux témoins; ainſi l'on voit aiſément que cela n'eſt pas capable de nuire au Sr de Caille.

Le Parlement d'Aix inſtruit à fonds par un Examen & par des Procedures de huit années, de cette Queſtion d'Etat auſſi fameuſe qu'importante, rendit, la Grand'Chambre & la Tournelle aſſemblées, ſon Arreſt contradictoire le 14. Juillet 1706. au Rapport du Sieur Boyer d'Aguilles, un des plus éclairez & des plus integres Magiſtrats de cette Cour. Comme le Diſpoſitif de cet Arreſt eſt une choſe eſſentielle dans cette affaire, on le rapporte icy en propres termes.

Arreſt du Parlement d'Aix, du 14. Juillet 1706.

„ „ TOUT CONSIDERE', dit a eſté, Que LA COUR
„ faiſant droit ſur toutes les fins & concluſions des Parties, a
„ mis & met l'Appellation dudit André d'Entreverges de
„ Rougon de Caille, cy-devant Iſaac, de la Procedure con-
„ tre luy faite à la requeſte de ladite le Gouche, Tardivi &
„ Conſorts, & ce dont eſt appel au neant : Et par nouveau
„ Jugement a declaré & declare ladite Procedure, & tout ce
„ qui s'en eſt enſuivy nuls, & comme tels les a caſſé & caſſe;
„ comme auſſi a mis & met les autres Appellations, tant
„ dudit d'Entreverges, que de ladite le Gouche, Tardivi &
„ Conſorts, des Sentences, Ordonnances & Decrets, & ce
„ dont eſt appel au neant: Et par nouveau Jugement, ſans
„ s'arreſter aux Lettres Royaux, ny aux demandes & Re-

queſtes de ladite le Gouche, Tardivi & Conſorts des 13. & "
15. Septembre, 1. & 8. Octobre, 15. & 20. Novembre 1699. "
20. May, 25. Juin, & 17. Decembre 1700. dont les a démis "
& déboutez ; *A declaré & declare ledit André d'Entrever-* "
ges, eſtre le veritable Iſaac de Brun de Caſtellanne, fils de "
Scipion de Brun de Caſtellanne Sieur de Caille & de Rougon, "
& de Judith le Gouche ſes pere & mere : Et au moyen de ce, "
ſon Ecrouë ſera barré par le Greffier Criminel de la Cour, "
ou ſon Commis : Et faiſant droit à ſa Requeſte d'oppoſi- "
tion du ſeize Decembre 1699. ſans s'arreſter à l'Arreſt du 30. "
Juin 1690. luy a adjugé & adjuge tous les biens & heritages "
de ſeſdits pere & mere, avec reſtitution de fruits depuis "
le ſeize Decembre 1702. & dommages & intereſts le tout "
à connoiſſance d'Experts accordez ou pris d'Office par le "
Commiſſaire Rapporteur du preſent Arreſt ; & à ces fins "
enjoint aux Detempteurs deſdits biens de les luy vuider, "
leur faiſant inhibitions & deffenſes de l'y troubler, à peine "
d'en eſtre informé ; & en ce qui eſt des Requeſtes dudit "
Iſaac de Brun de Caſtellanne des 5. May 1700. 17. Fevrier "
1701. 12. Juillet & 7. May 1704. & 4. Janvier 1706. *Ten-* "
dantes à faire informer contre le Sieur Rolland Avocat General "
au Parlement de Grenoble & Conſorts, en ſubornation des "
témoins, calomnie, corruption de domeſtiques, fauſſetez & "
empoiſonnement, & en dommages & intereſts, ordonne qu'il "
en pourſuivra les fins aux Chambres aſſemblées, ainſi qu'il "
appartient. Et ſur les autres fins & concluſions des Parties, "
les a reciproquement miſes hors de Cour & de Procez ; con- "
damne ladite le Gouche, Tardivi & Conſorts, à tous les "
dépens des Inſtances & Arreſts ; Ordonne en outre, que "
Joſeph Fauque du Colombier, Prêtre, Prieur de ſainte "
Anne, & Curé de Rouſſillon ; Joſeph Perier Notaire de "
Rougon, Antoine Audibert Meunier dudit lieu, Loüis Rey "

C iij

„ de S. Martin de la Braſque Cabaretier reſident à Manoſque,
„ ſeront pris & ſaiſis au corps, menez & conduits à bonne &
„ ſûre garde aux Priſons Royaux de ce Palais, pour y eſtre
„ détenus juſqu'à ce que autrement ſoit dit & ordonné; &
„ ne pouvant eſtre appréhendez ſeront aſſignez & criez à la
„ forme de l'Ordonnance, audit cas leurs biens immeubles
„ ſeront ſaiſis & annotez ſous la main du Roy par deſcription
„ & Inventaire, & les autres regis par ſequeſtres & Commiſ-
„ ſaires à la maniere accoûtumée : Claude Funel & la femme
„ d'Antoine Audibert ſeront adjournez en perſonne; & Croi-
„ ſet cy-devant Commiſſaire General des Galeres ſon Com-
„ mis , qui a écrit l'Extrait des deux Enrôlemens de Pierre
„ Mege du 23. Avril 1683. & cinq Mars 1695. couchez dans
„ une même feüille, ſignez Croiſet, expediez le 27. Novem-
„ bre 1699. Lardeirety Notaire de Manoſque, & Jacques Cou-
„ let Notaire du Martigues, ſeront aſſignez pour répondre
„ pardevant le Commiſſaire à la diligence du Procureur Ge-
„ neral du Roy, demeurant la Partie civile en qualité ſi bon
„ luy ſemble, pour ce fait communiqué audit Procureur Ge-
„ neral, & rapporté, y eſtre ordonné ce qu'il appartiendra;
„ & pour cet effet les Sacs & Pieces des Parties reſteront
„ au Greffe Criminel de la Cour, juſqu'à ce qu'autrement ſoit
„ dit & ordonné. *Deliberé à Aix le 14. Juillet 1706.*

Depuis cet Arreſt ſi authentique , qui a diffinitivement
aſſuré l'eſtat du Sieur Iſaac de Caille, il a épouſé la Demoi-
ſelle Magdelaine de Serry de Toulon, le 7. Aouſt 1706. Il

eſt arrivé cependant que le 8. du mois de Janvier de la pré-
ſente année 1707. Honnorade Venelle, à l'inſtigation ſans
doute du Sieur Rolland, fit un Acte à Aix pardevant Notaire & témoins, par lequel elle declara, qu'ayant appris,
que Pierre Mege , qu'elle avoit épouſé au Martigues en 1686.

*avoit depuis épousé une fille de Toulon, & que ce mariage il-
licite troubloit l'eſtat du ſien & ſa conſcience ; elle proteſtoit de
ſe pourvoir devant qui il appartiendroit de droit , pour faire
caſſer ce nouveau mariage.*

Le deffendeur informé de cette impoſture dont on le vouloit noircir, en ſe ſervant du nom de cette malheureuſe, ſe
pourvût au Parlement de Provence, & obtint le dix-huit
du même mois de Janvier 1707. une Ordonnance portant,
*Qu'il ſeroit informé contre cette femme au ſujet de ſa fauſſe de-
claration, & cependant qu'elle ſeroit miſe en priſon comme en
ſequeſtre, pour ſureté de ſa perſonne, afin de repondre pardevant
le Rapporteur de l'Arreſt.*

Les choſes en cet état, la Dame Rolland & le Sr Tardivi
ſe ſont pourvûs pardevant Sa Majeſté contre l'Arreſt du 14.
Juillet 1706. ſans avoir au fonds ny en la forme aucuns ſu-
jets ny moyens valables de caſſation ; toutesfois attendu la
nouveauté d'une queſtion d'Eſtat ſi qualifiée de toutes manieres, ſuſcitée pour cauſe de Religion , dont le Conſeil a
bien voulu eſtre informé, leurs Requeſtes ont eſté admiſes,
& il y a eu un Arreſt d'aſſigné au rapport de M. Maboul le
trente-un Janvier de la même preſente année, en vertu duquel le trois Mars ſuivant le deffendeur a eſté aſſigné au
Conſeil. Il y eſt comparu, & l'Inſtance a eſté reglée à écrire
& produire par Appointement ſigné le onze Juin ſuivant,
pardevant M. Laugeois d'Imbercourt Rapporteur.

Le deffendeur, pour ne pas laiſſer déperir ſes preuves, a
intereſt de faire achever les Informations, qui en execution
de l'Arreſt du quatorze Juillet 1706. avoient eſté commen-
cées contre le Sr Rolland ; elles ne pouvoient eſtre ſurciſes,
puiſque l'Arreſt introductif de la demande en caſſation ne
le deffendoit pas. Il a obtenu le dix-huit du mois de
Juillet dernier un Arreſt du Conſeil, *qui permet la continua-*

18. Janvier,
Ordonnance
contre Ve-
nelle.

31. Janvier
1707. Arreſt
introductif
ſur la caſſa-
tion.

18. Juillet
1707. Arreſt
du Conſeil

tion de ces mêmes Informations jusques à Jugement diffinitif exclusivement.

Le Sieur Rolland, d'un autre costé, pour tâcher de faire une diversion, afin de donner une face monstrueuse à la cause, & y apporter, s'il estoit possible, de nouveaux embarras, ayant fait venir *Honnorade Venelle à la suite du Conseil* comme par une espece *d'enchantement*, puisqu'elle s'est trouvée tout d'un coup à Paris, *sans sçavoir qui l'y avoit amenée, qui l'y nourrit, qui l'y entretient, & sans connoistre*, à ce qu'elle dit, *qui est son charitable bien-faicteur.* Il luy a pourtant fait presenter deux Requestes en la présente Instance, l'une de simple intervention, qui fust d'abord rejettée ; l'autre encore plus captieuse, en ce que supposant, *que le deffendeur estoit ce même Pierre Mege qu'elle disoit estre son mary*, elle concluoit entr'autres choses, *d'estre renvoyée à un autre Parlement que celuy de Provence, pour y poursuivre l'appel comme d'abus du second mariage de son pretendu mary avec la Damoiselle de Serry qu'il a epousée depuis l'Arrest confirmatif de son Estat.* Mais le Conseil, qui a prévû l'énormité d'une vexation si odieuse, a trouvé à propos de rendre un autre Arrest le même jour 18. Juillet dernier, par lequel il a ordonné : *Qu'il seroit mis neant sur cette Requeste de la Venelle.*

Moyens de Cassation des Demandeurs.	R E P O N S E S du Deffendeur.

PREMIER MOYEN.

L'Arrest du 14. Juillet 1706. a esté rendu par des Juges qui auroient dû s'abstenir de la connoissance de cette affaire,

Une fin de non - recevoir invincible contre ce prétendu moyen est, que si ces quatre Officiers du Parlement

estant

éstant dans le degré prohibé de l'Ordonnance avec les Sr *&)* Dame de Serry, qui avoient déja pris des engagemens avec le Sieur de Caille. Ces Juges étoient, *le Sieur Président de Coriolis, le Sieur Président de Maliverny, cousin de la Dame de Serry, le Sieur de Boyer Rapporteur, beau-pere du Sr de Maliverny, &) le Sr de Villeneuve d'Ansoüis, chez qui on pretend que la Dame de Serry sa cousine logeoit lors de l'Arrest.* On ajoûte : *Qu'elle & son mary avoient fourny pendant le Procez des Sommes considerables pour* le prétendu *Pierre Mege ; & que les Sieurs de Coriolis & de Boyer avoient perdu des Procez au Parlement de Grenoble, où le Sr Rolland est Avocat General.*

d'Aix eussent esté suspects aux demandeurs, ils devoient les reculer avant l'Arrest diffinitif. Sur-tout les Sieurs de Coriolis President, & de Boyer Rapporteur, qu'on dit avoir perdu des Procez au Parlement de Grenoble ; & encore plus le Sr de Boyer que les demandeurs avoient eux-mêmes demandé pour Rapporteur, & devant qui ils avoient volontairement procedé pendant plus de six années. Quant au Sieur de Villeneuve d'Ansoüis, chez qui on suppose que la Dame de Serry logeoit avant l'Arrest, ce qui n'est pas, cela ne pouvoit rien influer contre l'équité de l'Arrest, puisque le mariage de la Demoiselle de Serry avec le Sr de Caille n'a esté contracté que depuis l'Arrest. De dire que cette alliance avoit esté concertée avant l'Arrest, c'est une prévision metaphisique qui n'a aucun fondement. Toutes ces raisons jointes ensemble fournissent une fin de non-recevoir absoluë contre les demandeurs, supposé que ce fust un moyen de cassation, comme ce n'en est pas un.

D

II. MOYEN.

Le même Arreſt a contreve-
nu aux Articles 7. & 14. du
Titre 20. de l'Ordonnance de
1667. des faits qui giſſent en
preuves : En ce que le princi-
pal fait du Procez eſtoit de
ſçavoir, à ce qu'on prétend,
ſi le fils du Sr de Caille eſtoit
decedé ou non, parce que la
preuve de cette mort faiſoit la
conviction du crime de ſuppo-
ſition de nom & de perſonne,
dont le deffendeur eſtoit accuſé.
Qu'en la Ville de Vevay en
Suiſſe on ne tenoit cy-devant
aucuns Regiſtres de Baptêmes,
Mariages & Mortuaires; ainſi
qu'au defaut de ces Regiſtres
il auroit fallu recourir à l'Or-
donnance de 1667. qui porte,
Que ſi les Regiſtres ſont per-
dus, ou s'il n'y en a jamais
eu, la preuve en ſera reçûë
tant par titres que par te-
moins. Et en l'un & en l'au-
tre cas, les Baptêmes, Ma-
riages & Sepultures POUR-
RONT eſtre juſtifiez, tant
par les Regiſtres ou papiers
domeſtiques des peres & meres

REPONSE.

L'Arreſt du Parlement
d'Aix n'eſtoit point dans le
cas de ces articles ; l'article
7. établit la validité des Regiſtres des Baptêmes, Mariages & Mortuaires ; & les adverſaires ont avancé qu'il
n'y en avoit point à Vevay
dans le temps du prétendu
deceds du fils du Sr de Caille
en 1696. & s'il y avoit eu un
Extrait Mortuaire rapporté
en bonne forme, & que le
Parlement de Provence n'y
euſt pas déferé, ſçauroit pû
eſtre pour lors un moyen de
caſſation : mais quoy qu'on
euſt promis par écrit de le
rapporter, ainſi qu'il eſt juſ-
tifié au Procez, jamais neanmoins cet Extrait n'a eſté
repreſenté ; ce qui fait voir
qu'il y avoit par tout du myſtere, ſoit à l'Extrait Bapti-
ſtaire du deffendeur qui s'eſt
trouvé perdu à Manoſque,
ſoit à ſon prétendu Extrait
Mortuaire de Vevay qui n'a
jamais paru.

L'article 14. a eſté fait pour

*D'ECEDEZ, que par té-
moins, sauf à la partie de verifier le contraire.*

marquer la forme qu'on doit
tenir quand il n'y a pas de
Regiftres, ou qu'ils se treu-
vent perdus ; mais encore
une fois on n'eftoit pas dans le cas de ces deux Articles.

1°. Il ne s'agiffoit point de fçavoir, *fi le fils du Sieur de Caille eftoit mort ou non ;* ce n'eftoit qu'une exception de la Dame Rolland pour deffendre à la queftion principale, qui eftoit uniquement de juger, *fi le deffendeur eftoit fils du Sieur de Caille, ou s'il ne l'eftoit pas.*

2°. La difpofition de l'Ordonnance, qui eft tres-fage, mérite un examen particulier, & une application précife au fait de la queftion d'Eftat du Sr de Caille fils. L'article 14. n'eft point imperatif, il fe fert feulement du terme facultatif de *POURRONT prouver les Baptêmes & Sepultures, tant par les papiers domeftiques des peres & meres DECEDEZ, &c.* Ce terme de *DECEDEZ* eft encore tres-remarquable, parce que la prétenduë atteftation du Sieur de Caille pere qui eft vivant, ne pouvoit pas valoir contre le deffendeur fon fils fuivant la difpofition de la même Ordonnance, & fur tout puifqu'il eftoit au fonds fa principale partie par la haine particuliere qu'il avoit toûjours euë pour luy, qui avoit efté augmentée par fon changement de Religion, & par les Procurations expreffes qu'il avoit envoyées à Toulon pour pourfuivre en fon nom le deffendeur comme s'il euft efté un impofteur.

On pouvoit donc, fuivant ce même article 14. de l'Ordonnance, faire la preuve par témoins du prétendu decès du fils du Sieur de Caille, *fauf au deffendeur à verifier le contraire ;* c'eft ce qui a efté ponctuellement fuivi par le Parlement d'Aix. Le deffendeur a juftifié par fa préfence réelle & perfonnelle, que non feulement il exiftoit, & par conféquent qu'il n'eſtoit pas mort ; mais encore , qu'il eſtoit le veritable & legitime fils du Sieur de Caille , & cela par le témoignage conſtant d'un tres-grand nombre de témoins, auſſi-bien que par pluſieurs marques corporelles.

Non facit fidem dictum teſtis extra-judicium. Tindar. de Teſtibus lib. 3. cap. 2. Enfin on ne pouvoit valablement luy objecter les atteſtations & les enqueſtes de Vevay & de Lauſane en Suiſſe, parce qu'outre qu'elles eſtoient mendiées , elles avoient eſté extrajudiciairement faites par perſonnes ſuſpectes, interpoſées, ſans que la partie principale intereſſée euſt eſté entenduë ni appelée , & ſans Ordonnance des Juges ſaiſis de la cauſe. En un mot le Parlement a pû juger comme il a fait ſans avoir en rien contrevenu à l'article 14. de l'Ordonnance. Tout ce qu'on oppoſe à cet égard ne ſont que de ſimples pretendus Griefs contre le ſuppoſé mal jugé de l'Arreſt , qui ne peuvent jamais produire aucun moyen de caſſation.

On attaque cet Arreſt parce qu'il a jugé le fils du Sieur de Caille en vie nonobſtant les atteſtations de ſa mort ; mais il auroit eſté bien plûtoſt ſuſceptible de caſſation s'il l'avoit jugé mort , puiſqu'il y a eu preuve complette qu'il eſtoit en vie. Le Parlement d'Aix devoit neceſſairement juger l'un ou l'autre : la preuve la plus forte l'a déterminé ; il euſt eſté contre la diſpoſition du Droit , & même contre le bon ſens, de faire prévaloir une preuve de la mort qui eſt negative & toûjours incertaine , à la preuve affirmative de l'exiſtance d'un homme vivant, preſent, & publiquement reconnu pour celuy que l'on ſuppoſoit mort. Quand même les atteſtations venuës de Suiſſe ſeroient juridiques & recevables, ce qui n'eſt pas , les Juges du Parlement d'Aix auroient toûjours eſté les maîtres de ſtatuer ſuivant ce que leur auroit dicté leur juſtice ; car inutilement l'Ordonnance permettroit-elle la preuve reſpective ſi le Juge n'avoit pas le pouvoir & la liberté d'y avoir égard ?

III. MOYEN.

Que la preuve de Suiſſe eſtoit complette, qu'on n'a pû la rejetter ſans contrevenir au même article 14. du titre 20. & ſans commettre une iniquité ; & ſi cette preuve n'eſtoit pas complette, on a dû avoir égard aux Requeſtes de la Dame Rolland, par l'une desquelles elle avoit demandé d'abord des Juges in partibus, pour juſtifier ſur les lieux la mort du fils du Sieur de Caille ; & par l'autre, que les Sieurs Carnaud & Gaſſendy, qui alloient en Suiſſe pour une autre affaire, fuſſent chargez de verifier le même fait. Que le Parlement d'Aix en ayant deboutté la Dame Rolland, a commis une contravention à l'article 14. & en même temps une iniquité en ce qu'il a refuſé une maniere de preuve qui pouvoit ſeule aſſurer la verité.

REPONSE.

La preuve n'eſtoit pas complette, puiſqu'elle n'étoit pas juridique, n'ayant pas eſté ordonnée par le Juge ſaiſi de la conteſtation ; & dès que l'Ordonnance permettoit une preuve contraire comme on l'a déja dit, le Juge eſtoit maître de choiſir : à l'égard de la premiere Requeſte de la Dame Rolland du 25. Juin 1700. pour faire commettre des Juges in partibus, le Parlement par ſon Arreſt contradictoire du 28. du même mois, ordonna qu'elle ſeroit miſe dans le ſac pour y eſtre fait droit en jugeant ; & il l'en a deboutée par l'Arreſt diffinitif du 14. Juillet 1706. Quant à la ſeconde Requeſte pour faire commettre les Sieurs Carnaud & Gaſſendy, elle devenoit inutile par le renvoy que l'on avoit fait de la premiere, qui tendoit à

mêmes fins, pour y eſtre fait droit en jugeant ; ainſi que

le deffendeur le fit voir par fes Requeftes contraires, aufquelles la Dame Rolland ne fit aucune réponfe : outre que
les fieurs Carnaud & Gaffendy eftoient de fimples particuliers fans aucun caractere de Magiftrature, qui par confe-
quent ne pouvoient faire aucune preuve juridique, & dont
le témoignage après tout n'auroit pas pû produire plus
d'effet que les atteftations de Suiffe, que les Juges qui ont
formé l'Arreft diffinitif n'avoient pas trouvé à propos de
recevoir : ainfi on ne peut pas dire que le Parlement d'Aix
ait contrevenu à l'article 14. ni qu'il ait commis aucune
iniquité, puifqu'il a ufé du pouvoir que luy donnoit
l'Ordonnance.

IV. MOYEN.

L'Arreft du Parlement de Provence a contrevenu à l'article 3. du tit. 7. des Monitoires de l'Ordonnance Criminelle de 1700. qui porte, que les Monitoires ne contiendront d'autres faits que ceux compris au Jugement qui aura permis de les obtenir, à peine de nullité tant des Monitoires que de ce qui aura efté fait en conféquence. On ajoûte, que l'Arreft en vertu duquel le Sr de Caille a fait publier des Monitoires, eft du 18. Juin 1700. que cet Arreft luy permet feulement de prouver qu'il eft fils du Sr de Caille : Cependant le

REPONSE.

Les demandeurs font abfolument non recevables.

1°. Parce qu'ils ont dû fe plaindre avant l'Arreft diffinitif. Ils ont propofé quelques reproches contre les témoins de l'Enquefte du Sieur de Caille, qui de fon cofté en a reproché plufieurs de la leur. Le Parlement a rendu un Arreft qui a jugé ces reproches de part & d'autre. Les demandeurs ont acquiefcé à ce Jugement, par conféquent toute la Procedure a efté couverte de leur propre fait. Doncques ils ont reconnu par là que l'Enquefte

Monitoire comprend les faits qui concernent Pierre Mege, ceux de la subornation des te-moins, de la corruption des do-mestiques, de l'assassinat & de l'empoisonnement pretendu commis en la personne du Sr de Caille ; qu'en consequence plusieurs temoins ont esté oüis en revelation, & ensuite enten-dus judiciairement sur tous ces faits estrangers. Qu'il y a eu diverses personnes decretées en vertu de l'Arrest qui ren-voye le Sr Rolland Avocat Ge-neral du Parlement de Dau-phiné aux Chambres assem-blées, pour proceder sur les accusations intentées contre luy. A quoy on ajoûte encore : Que la parcelle du Monitoire a esté publiée de l'autorité du Parlement, & non de celle de l'Evéque, & par consequent le Monitoire, & tout ce qui s'en est ensuivy, doit estre nul.

estoit valable aussi-bien que l'Arrest qui l'avoit ordon-née.

2°. L'Arrest du dix-huit Juin 1700. permettoit au def-fendeur de prouver son Etat par toutes sortes de preuves; c'est par la verification des chefs d'accusations capitales intentées contre le Sr Rol-land, que le deffendeur pou-voit prouver qu'il estoit le veritable fils du Sr de Caille; tous les faits contenus au Monitoire & à la Parcelle y attachée dépendoient de la question d'Estat : Et le deffendeur prouvant qu'il n'estoit pas Pierre Mege, que le Sieur Rolland avoit subor-né des témoins, qu'il avoit corrompu ceux qui pre-noient soin de ses affaires, qu'il l'avoit fait empoison-ner, & qu'il avoit voulu le faire assassiner, prouvoit in-contestablement qu'il estoit le veritable fils du Sieur de Caille ; & de plus qu'il faloit que les Sieur & Dame Rol-land sentissent leur cause bien mauvaise, puisqu'ils avoient pris tant de precautions si odieuses, & qu'ils avoient emploïé des moyens si criminels pour étouffer la verité.

3°. Quant à la parcelle elle contient, fuivant l'ufage de
Provence, tous les faits fur lefquels le Monitoire ordonne qu'on viendra à revelation ; ainfi le Monitoire a efté
publié de l'autorité de l'Evêque, fuivant fon Ordonnance
qui a efté produite au Procez ; & la Parcelle l'a efté de
l'autorité du Parlement, parce qu'en Provence le Monitoire & la Parcelle ne font enfemble qu'une même chofe.
Au furplus la Dame Rolland, qui auroit pû s'oppofer à l'ob-
tention & à la publication du Monitoire fi elle l'avoit jugé
à propos, ne l'ayant pas fait dans le temps, eft maintenant
non recevable à s'en plaindre, & à pretendre que ce foit
un moyen de caffation contre l'Arreft diffinitif dont il eft
le fondement, puifqu'elle l'a reconnu volontairement par
une Procedure de fix années.

V. MOYEN.	REPONSE.
L'Arreft du Parlement d'Aix a contrevenu aux art. 4. & 5. du tit. 20. de l'Ordonnance de 1670. de la converfion des Procez Civils en Procez Criminels, & de la reception en Procez ordinaire, parce que l'article 4. porte, qu'après la confrontation des temoins, l'accufé ne pourra plus eftre reçû en Procez ordinaire ; mais bien qu'il fera prononcé diffinitivement fur fon abfolution ou fa condemnation ; & l'article 5. dit : Qu'encore que les Parties ayent efté reçûës en Pro-	La Dame Rolland eft non recevable. 1°. C'eft elle-même qui a demandé que M. de Boyer fuft commis Rapporteur en exécution de l'Arreft du 18. Juin 1700. qui permettoit au deffendeur de prouver par une Enquefte qu'il eftoit fils du Sieur de Caille. Elle a obtenu fur fa demande l'Arreft du 28. du même mois, qui luy a permis de faire fon Enquefte contraire. Il y a eû des preuves faites de part & d'autre ; ainfi elle a reconnu le

cès ordinaire, *la voye extraor-*
dinaire sera reprise si la matie-
re y est disposée.

L'Arrest du 13. Janvier
1700. avoit ordonné que le Pro-
cès seroit fait extraordinairement
à l'accusé jusqu'à Sen-
tence deffinitive inclusivement.
Qu'en execution de cet Arrest
le Juge de Toulon avoit reco-
lé & confronté les temoins, &
que cependant le Parlement
d'Aix par son Arrest du 18.
Juin 1700. avoit civilisé l'af-
faire, en ordonnant une En-
queste, quoyqu'il n'y eust eu
aucune Requeste donnée afin
de Civilisation, & quoyque
l'Ordonnance parle dans cet
Article en termes prohibitifs.

le premier Arrest, par consequent elle est non recevable à s'en plaindre.

2°. L'Arrest qui a ordon-
né l'Enqueste n'a point civilisé le Procez, il est toûjours
demeuré Criminel. La Dame
Rolland elle-même l'a toûjours reconnu comme tel,
puisqu'elle a pris des conclusions deffinitives, laissant à
M. le Procureur General à
conclure à une peine capitale pour la vengeance publique.

Est-il naturel de s'imagi-
ner qu'une affaire de la nature de celle du Sr de Caille,
ait esté civilisée ? Il estoit accusé de supposition de nom
& de personne, qui consta-
ment est un crime digne de mort, selon la Loy *falsi ff. ad*
L. Cornel. de falsf. Paulus lib. 5. Sent. §. 10. Boniface partie 3.
pag. 120. & une infinité d'autres autoritez qu'on ne rapporte
point de peur d'être ennuyeux. Le deffendeur a esté decreté
sur cette accusation, & constitué prisonnier pendant près
de huit ans ; on a fait diverses informations contre luy ;
on a recolé & confronté des témoins ; il a suby divers interrogatoires à Toulon & à Aix ; il a esté entendu sur la
sellette ; il a eu des Conclusions à mort, & deux voix à une
peine capitale au Siege de Toulon ; & au Parlement d'Aix
lors de son Jugement deffinitif, quatre voix à le declarer

E

atteint & convaincu de fuppofition & d'impofture : il auroit fubi la peine de mort dans le jour même de fon Arreft, s'il n'euft pas efté reconnu pour veritable fils du Sr de Caille par quatorze Juges qui compofoient douze fuffrages , par la caducité de deux pour caufe d'alliance entr'eux.

Qui dans toutes les circonftances qu'on vient de rapporter peut méconnoître un Procez Criminel fi bien caracterifé ? Où peut-on y trouver matiere à civilifer une affaire ? De plus, lorfqu'un Procez Criminel Capital , furtout d'une fi grande importance , eft venu à la connoiffance de Meffieurs les Gens du Roy , il ne peut plus devenir Civil, quand même les deux Parties le voudroient ; parce qu'indépendemment d'elles le Procureur General pourfuit l'affaire pour la vindicte publique.

Ce qui a pû produire l'erreur de ceux qui ont crû que le Procez avoit efté civilifé, c'eft que le crime d'impofture & de fuppofition forme une action d'une efpece particuliere, & bien differente des autres. Dans le vol, dans l'affaffinat, ou le meurtre, ou dans quelqu'autre crime femblable, le corps du delict eft conftant, *conftat de corpore delicti*. On trouve ou des effets emportez, ou un homme bleffé , ou mort ; ainfi le crime eft certain, on en cherche feulement l'auteur, ce qui fe fait par une information fecrette de peur que les coupables ne foient avertis des recherches que l'on en fait. Mais quand un homme fe dit eftre un autre que ce qu'il paroift, il n'y a point de delict conftant, il n'y a pas encore de crime averé, parce que s'il dit vray, il n'eft nullement criminel ; & on ne peut fçavoir s'il dit vray ou faux, que par la voye de l'Enquefte, qui à la verité paroift eftre civile, mais dont l'objet & le but tendent à la pourfuite criminelle, parce qu'il s'agit de voir fi celuy qui fe prefente eft un impofteur ou non.

Dans les plus grandes affaires criminelles, lorſqu'un fait eſt incertain, on a recours à l'Enqueſte pour l'averer; loin qu'elle civiliſe l'affaire, elle devient elle-même une piece neceſſaire du Procez criminel, ſoit pour l'abſolution, ſoit pour la condamnation de l'accuſé; témoin *l'alibi*, qui ne ſe prouve jamais que par Enqueſte, & s'il n'eſt prouvé, l'accuſé eſt condamné ſans autre forme de procez.

Dans l'action criminelle en ſuppoſition de nom & de perſonne, l'Enqueſte eſt plus neceſſaire qu'en aucune autre, parce que le point deciſif eſt la reconnoiſſance de l'accuſé; & ce que cette action a de ſingulier, c'eſt que le corps du delict n'eſt conſtant que par la condamnation qui intervient ſur les Enqueſtes.

Le Parlement d'Aix n'a donc point civiliſé l'affaire, elle eſt toûjours reſtée criminelle, la civiliſation ne ſe fait jamais de droit ſi le Juge ne l'ordonne expreſſément. Le Parlement d'Aix ne l'a pas ordonnée, puiſque l'accuſé a toûjours eſté priſonnier; par conſequent nulle contravention aux articles 4. & 5. de l'Ordonnance; & quand même l'Arreſt du 18. Juin 1700. y auroit contrevenu, ce qui n'eſt pas, la Dame Rolland auroit dû ſe pourvoir dans les ſix mois, & ne pas attendre ſix ans à le faire, après que l'Arreſt deffinitif de la reconnoiſſance du deffendeur a eſté rendu, ce qui prouve que la Dame Rolland eſt non recevable.

VI. MOYEN.	REPONSE.
Contravention à l'Article 24. du Titre 25. de l'Ordonnance Criminelle de 1670. où il eſt dit : S'il eſt ordonné que les temoins ſeront oüis une ſeconde fois, ou le Procez fait de nou-	Le Parlement d'Aix n'a point contrevenu à cet article. 1°. L'Ordonnance y parle en termes conditionnels, *s'il eſt ordonné, &c. Si le Procez eſt*

veau à cause de quelque nullité dans la procedure ; le Juge
qui l'aura commise sera condamné d'en faire les frais, &
payer les Vacations de celuy
qui y procedera, & encore les
dommages & interests de toutes
les Parties.

Le Parlement d'Aix a cassé
la Procedure du Senechal de
Toulon comme nulle, il n'a pas
ordonné qu'il en fust fait une
nouvelle aux depens du Juge
qui l'avoit faite, doncques il a
formellement contrevenu à cet
article.

fait de nouveau, &c. mais elle
n'employe pas des termes im-
peratifs, puisqu'elle n'ordonne point précisément
que le Procez sera fait de
nouveau.

2°. La Dame Rolland est
non recevable à relever cette prétenduë contravention ;
elle a demandé elle-même
par ses Requestes, *Que le
Parlement prononçât sur le
fonds & principal de l'affaire
par Jugement nouveau ;* comment peut-elle aujourd'huy
se plaindre, puisque ce n'est
qu'à sa requeste, & sur ses
propres demandes que le Parlement a prononcé ?

3°. Le Séneschal de Toulon auroit dû naturellement
commencer par l'Enqueste, & non pas par l'information
contre le deffendeur. Le Parlement n'a cassé la Procedure
de ce premier Juge, & ne l'a declarée nulle par son Arrest
deffinitif, que comme devenuë inutile par la reconnoissance du fils du Sieur de Caille. Dans les actions en supposition de nom & de personne, le corps du delict, comme
on l'a déja dit, n'est constant que par le Jugement de condamnation, & il est aneanti par l'absolution de l'accusé ;
par consequent n'y ayant plus de corps de delict, il ne reste
plus ni preuve ni procedure, ni instruction nouvelle à faire
ni à renvoyer à aucun Juge.

C'est ce qui est arrivé dans l'affaire du deffendeur. Le
Juge de Toulon a suivy ces principes, quand en renvoyant

les Parties au Parlement pour y proceder fur leurs appels, il s'eft dépoüillé de la connoiffance de leurs differens, & ne s'eft refervé la faculté de les juger qu'avec les termes conditionnels, *s'il y écheoit*, c'eft à dire en cas que le Parlement débouttât le deffendeur de fes appellations. De plus il eut efté contre les regles, qu'un Juge inferieur comme le Sénefchal de Toulon euft connu & jugé fur des Enqueftes faites de l'autorité du Parlement d'Aix fon Juge fuperieur.

VII. MOYEN.

Contravention à l'article 2. des fins de non proceder de l'Ordonnance de 1667. où il eſt dit : Deffendons auſſi à tous Juges ſous peine de nullité des Jugemens, d'evoquer les Cauſes, Inſtances & Procez pendans és Sieges inferieurs, ou autres Juriſdictions, ſous pretexte d'appel ou connexité, ſi ce n'eſt pour juger deffinitivement en audiance & ſur le champ par un ſeul & même Jugement.

Autre contravention à l'article 5. du titre des Appellations de l'Ordonnance de 1670. qui porte : Que les Procez Criminels pendans pardevant les Juges des lieux, ne pourront être evoquez par les Cours,

REPONSE.

1°. Le Parlement n'a rien évoqué; il eſtoit faiſi de tout. Une Cour n'eſt cenſée évoquer que lors qu'à l'occaſion d'un incident, dont elle eſt ſaiſie par l'appel, elle juge le principal encore pendant & indecis devant le premier Juge.

Le Parlement de Provence, pardevant lequel le deffendeur avoit appelé des Ordonnances du Sénéchal de Toulon des 21. & 27. Novembre 1699. renvoya par ſon Arreſt du 13. Janvier 1700. le priſonnier au Siege de Toulon, pour que ſon Procez luy fuſt fait juſqu'à Jugement deffinitif incluſivement; & par là il s'eſtoit en-

ſi ce n'eſt qu'elles connoiſſent, après avoir vû les Charges, que la matiere eſt legere, & ne merite une plus ample inſtruction ; auquel cas pourront les evoquer, à la charge de les juger ſur le champ à l'Audiance, & faire mention par l'Arreſt des Charges & Informations, le tout à peine de nullité.

tierement conformé à l'Ordonnance. Mais ce premier Juge, au lieu d'executer l'Arreſt du Parlement, & de rendre ſa Sentence deffinitive, en rendit une interlocutoire du 8. Mars ſuivant, par laquelle il renvoya les Parties au Parlement pour proceder ſur leurs appellations, par où il ſe dépoüilla de l'affaire. Les demandeurs appelerent de cette Sentence, & le deffendeur de ſon coſté appela tant du Decret d'informer, que de toute la Procedure Criminelle qui s'en eſtoit enſuivie ; par où le Parlement d'Aix ſe trouva ſaiſi de tout, tant Civil que Criminel, attendu les appels reſpectifs des Parties ; ainſi il ne reſta rien de pendant pardevant le premier Juge, ſur-tout en cas d'abſolution, comme il l'avoit reconnu luy-même par le renvoy qu'il en avoit fait au Parlement.

2°. La Dame Rolland eſt non-recevable, puiſqu'elle a dit elle-même par les Requeſtes qu'elle a préſentées au Parlement, que le Siege de Toulon avoit rempli ſon degré de juriſdiction, & qu'elle a formellement demandé, que le Parlement prononçat ſur le tout par Jugement nouveau.

3°. Enfin cette Cour a jugé le tout par un ſeul & même Arreſt, en prononçant ſur le fond & principal de l'affaire, & ſur la nullité & caſſation de la Procedure de Toulon. Il eſt vray que cela n'a pas eſté jugé à l'audiance. Si le Parlement d'Aix euſt jugé à l'audiance une cauſe d'une involution ſi prodigieuſe, & où on a entendu plus de ſix cens témoins, on n'auroit pas manqué d'en faire un moyen de précipitation contre les Juges. Mais outre qu'il euft efté abfolument impoffible de le faire, c'eft la Dame Rolland elle-même qui a demandé que le Procez fuft appointé devant un Commiffaire, qui a pourfuivi ce Reglement, qui a produit en confequence, donné diverfes Requeftes à fins deffinitives, fait fes contredits, diftribué fes Factums, & preffé le Jugement ; le tout en execution des Arrefts des 18. & 28. Juin 1700. aufquels elle a totalement acquiefcé par une Procedure volontaire de plus de fix années. Ce qui établit contre elle une fin de non - recevoir infurmontable.

VIII. MOYEN.

Contravention aux articles 35. & 36. du Titre des Enqueftes de l'Ordonnance de 1667. par l'un defquels il eft dit : Que fi la permiffion de faire Enquefte a efté donnée à l'audiance fans que les Parties ayent efté appointées à Ecrire, les Enqueftes feront portées à l'audiance pour y eftre jugées fur un fimple acte, & fans autre Procedure.

Et l'autre ordonne : Que fi l'Enquefte eft declarée nulle par la faute du Juge, il en fera fait une nouvelle aux depens du même Juge, dans laquelle la Partie poura faire oüir de nouveau les mêmes temoins.

REPONSE.

L'Arreft du 14. Juillet 1706. n'eft point dans les cas de ces deux articles.

1°. Il ne pouvoit pas eftre rendu à l'audiance comme on l'a déja dit, attendu la multiplicité des témoins & des Procedures.

2°. Il ne devoit pas y eftre rendu felon l'Ordonnance même ; puifque l'affaire avoit efté appointée, fur tout fur les propres demandes de la Dame Rolland.

3°. Ce n'eft point une Enquefte qu'à fait le Juge de Toulon, c'étoit une Information ; il avoit commencé fa Procedure au Criminel :

L'Arreſt du 14. Juillet 1706. a contrevenu à ces deux articles, en ce qu'il n'a pas eſté rendu à l'audiance, & que les Arreſts des 18. et 28. Juin 1700. qui avoient ordonné les Enqueſtes y avoient eſté rendus, & encore parce qu'il n'a pas ordonné qu'il fuſt fait une nouvelle Enqueſte aux depens du Juge de Toulon.

le Parlement l'a jugée inutile, & l'a caſſée, parce que par la reconnoiſſance du deffendeur le prétendu crime de ſuppoſition a eſté aneanti; & par conſequent toute la Procedure criminelle a dû l'eſtre, n'y ayant plus ni crime ni criminel. Surquoy donc les demandeurs voudroient-ils qu'on euſt fait une nouvelle Enqueſte, n'y ayant plus rien à examiner ? il reſulte même de ce qu'ils avancent une contradiction au bon ſens ; car, c'eſt de l'Arreſt deffinitif dont ils demandent la caſſation, ſur ce qu'il n'a pas ordonné qu'il fuſt fait une nouvelle Enqueſte aux frais du Juge de Toulon, c'eſt à dire, qu'ils voudroient que le Parlement d'Aix en reconnoiſſant le deffendeur pour fils du Sieur de Caille, donnât pouvoir à un Juge inferieur dont il caſſoit la Procedure, de voir ſi l'Arreſt eſtoit bien ou mal rendu.

IX. MOYEN.

L'Arreſt a encore contrevenu à l'article 1. titre des Requeſtes Civiles de l'Ordonnance de 1667. qui porte : Que les Arreſts et Jugemens en dernier reſſort ne pourront eſtre retractez que par Lettres en forme de Requeſte Civile.

L'Arreſt du 13. Janvier

REPONSE.

L'Arreſt du 13. Janvier 1700. n'a point eſté retracté, mais, à nouveau fait nouvelle Ordonnance.

1°. Cet Arreſt portoit la clauſe expreſſe, *Sauf à faire droit ſur les demandes de l'accuſé ;* en quoy le Parlement ſe reſervoit toûjours ſon pouvoir

700. ordonnoit : Que le Pro-
.ez feroit fait à l'accusé juf-
ju'à Sentence deffinitive in-
lufivement. Les Arrefts des 18.
& 28. Juin fuivant ont or-
donné les Enqueftes refpecti-
ves : & l'Arreft du 14. Juil-
let 1706. a annullé la Proce-
dure de Toulon ; doncques l'Ar-
reft du 13. Janvier 1700. a
efté retracté fans Requefte Ci-
vile.

voir en cas d'appel ; & cependant il renvoyoit l'affaire au premier Juge , pour
qu'il remplit fon degré de
Jurifdiction : mais ce premier Juge renvoyant luy -
même la caufe au Parlement,
qui par là fe trouvoit en droit
de ftatuer fur les demandes
de l'accufé , l'Arreft d'inftru-
ction du 13. Janvier 1700. fans
eftre retracté , devenoit inutile par le propre fait du

Juge de Toulon, & non point par celuy du Parlement
d'Aix.

2°. Les appellations refpectives des Parties ayant encore de nouveau faifi le Parlement, il n'a pas retracté fon
Arreft du 13. Janvier 1700. mais il a ftatué fur ce fait nouveau de tous les appels refpectifs qui n'y eftoient pas compris ; & devant pour lors prononcer deffinitivement fur
le fond du Procez, pour s'éclaircir de la verité, il a ordonné des Enqueftes par fes Arrefts des 18. & 28. Juin
fuivant.

3°. On vient de prouver que l'Arreft du 13. Janvier 1700.
n'a pas efté retracté ; mais s'il eftoit vray qu'il l'euft efté,
ce n'auroit pû eftre que par celuy du 18. Juin de la même
année : Or la Dame Rolland elle-même en a demandé
l'execution par fa Requefte du 25. du même mois, fur laquelle il fuft fait droit par l'Arreft du 28. fuivant ; elle a fait
fa contraire Enquefte en confequence ; elle a pris des con-
clufions au fond, & demandé un nouveau Jugement ; elle
a procedé volontairement pendant plus de fix ans , & en-

F

fin l'Arreſt deffinitif eſt intervenu qui a tout terminé. Surquoy donc veut-elle revenir aujourd'hui contre un Arreſt
rendu depuis ſept ans, qu'elle a reconnu & executé; ce qui
la rend entierement non recevable?

X. MOYEN.

Contravention à l'article 2. titre 22. des Enqueſtes de l'Ordonnance de 1667. qui veut, que le delay de faire Enqueſte ne ſoit prorogé par le Juge que d'une huitaine. Cependant le Parlement a accordé huit delais à l'accusé.

REPONSE.

Le deffendeur eſtant priſonnier, & privé de la joüiſſance de ſes biens, n'eſtoit pas en pouvoir ni en eſtat de faire ſi-toſt ſon Enqueſte, qui a eſté compoſée de prés de 400. témoins. D'ailleurs la peine portée par cet article eſt purement comminatoire;

au ſurplus cela a eſté couvert par l'Enqueſte, par la contraire Enqueſte, & par l'appointement executé. Ainſi les demandeurs ſont non-recevables à s'en plaindre.

XI. MOYEN.

L'Arreſt du Parlement d'Aix a contrevenu au droit public, & aux Traitez d'alliance avec le Corps Helvetique, dont il n'a pas voulu recevoir ni admettre les Enqueſtes & atteſtations, par leſquelles il paroiſſoit qui le fils du Sr de Caille eſtoit decedé à Vevay en Suiſſe le 15. Fevrier 1696. quoy que les Actes faits en Suiſſe doivent faire foy en

REPONSE.

L'Arreſt du 14. Juillet 1706. n'eſt pas dans ce cas; il auroit pû y être, s'il eût manqué d'avoir égard, quant à la forme, aux actes paſſez en Suiſſe pardevant Notaires: mais les preuves teſtimoniales telles que ſont les Enqueſtes, & atteſtations dont il s'agit, n'ont pas la même force que les actes publics.

1°. Parce qu'elles ſont ex-

France , comme ceux de France le doivent faire en Suisse ; & que ces Alliez en ont porté leur plainte à Sa Majesté par une Lettre où ils demandent l'execution des Traitez.

trajudiciaires , n'ayant pas été faites de l'autorité des Juges saisis de la matiere.

2°. Quand même elles auroient esté faites par Ordonnance du Parlement, & sur Commission rogatoire, ce qui n'est pas, les Juges auroient toûjours esté les maîtres d'y avoir égard, ou non ; puisque suivant l'article 14. de l'Ordonnance de 1667. au titre des faits qui gisent en preuves , en permettant les Enquestes respectives, ils se reservent le droit de les balancer l'une & l'autre, & de decider entre-elles , de la même maniere que les Suisses seroient en droit de le faire, s'ils étoient Juges dans un pareil cas.

3°. Il dépend absolument de la prudence, & de la volonté du Juge de choisir entre diverses preuves celle qui luy paroît la plus formelle, & la moins équivoque. C'est ce qu'a fait le Parlement d'Aix ; de vingt-trois Juges qui ont opiné, quatre furent d'avis de declarer le deffendeur un supposé, cinq ont crû qu'il faloit interloquer pour sçavoir si le fils du Sieur de Caille estoit mort ou non ; & quatorze, dont les suffrages furent reduits à douze pour cause d'alliance entre-eux , ont eu raison d'asseoir leur jugement solide sur les preuves constantes qu'ils avoient de la verité du fait, par l'existence réelle, & personnelle du deffendeur, & par une foule de témoins qui ont assuré incontestablement qu'il estoit fils du Sieur de Caille.

Cette verité a esté encore justifiée par un grand nombre de marques corporelles, & toutes singulieres que le deffendeur a sur sa personne ; mais ce qui marqua davantage la bonté de sa cause, ce fust la multitude des alterations, & des fauſſetez pratiquées par le Sieur Rolland , celles qu'il a fait faire par ceux qu'il avoit gagnez pour faire paſſer ſon neveu de Caille pour Pierre Mege, & le nombre conſiderable de témoins qu'il avoit ſubornez à ce ſujet.

Tant de preuves raſſemblées ont déterminé les quatorze Juges à declarer le deffendeur veritable fils du Sr de Caille ; ainſi il n'y a pas lieu de dire qu'ils ayent contrevenu en aucune maniere aux Traitez d'Alliance avec les Suiſſes, parce qu'ils n'ont pas eu beſoin des Enqueſtes faites à Vevay, & à Lauſane qu'ils n'avoient pas ordonnées , pour s'aſſurer d'un fait dont ils avoient devant leurs yeux des preuves parfaites, entierement déciſives, & pour tout dire enfin, un témoignage vivant.

XII. MOYEN.	REPONSE.
Contravention aux Declarations du Roy des 1. Juillet 1686. 10. Fevrier & 29. Novembre 1698. par lesquelles Sa Majeſté ordonne : Que les Refugiez qui rentreront dans le Royaume declarent en rentrant, devant le premier Juge Royal, le lieu où ils veulent abjurer; qu'ils abjurent huitaine après, & qu'ils en rapportent un Certificat.	Ce prétendu moyen ne pourroit regarder tout au plus que l'adjudication des biens, & nullement la queſtion d'Etat du deffendeur, & ne ſeroit pas capable de rendre un Arreſt ſuſceptible de caſſation, quand même il auroit contrevenu à l'Ordonnance , puiſqu'elle ne prononce qu'une peine comminatoire. D'ailleurs le deffendeur a expliqué dans l'expoſition du fait de ſon affaire , & par toutes les Ecritures qu'il a fournies au Parlement de Provence, les peines
Le deffendeur eſt rentré en 1691. il n'a abjuré qu'en 1699. Doncques l'Arreſt du 14. Juillet 1706. qui l'a declaré fils du Sieur de Caille , n'a pû luy	

adjuger les biens sans contra-
vention.

& les difficultez qu'il avoit euës de s'échaper d'auprès de son pere, les terreurs continuelles où il estoit d'estre arresté de sa part par quelques-uns de ses parens ou de leurs emissaires. Il a fait voir que c'est par ces raisons qu'il avoit plusieurs fois déguisé sa qualité, qu'il avoit emprunté differens personnages, & qu'il s'estoit caché sous le faux nom de Pierre Mege. Dans cet abîme d'obscurité où une fausse crainte, & les conseils artificieux de ses ennemis l'avoient jetté, il estoit presque dans l'oubli de luy-même, occupé uniquement du bonheur de n'estre plus maltraité de son pere.

Le Sieur de Caille fils ne devoit pas naturellement estre censé rentré dans le Royaume tant qu'il y a esté sous un nom déguisé ; on n'a pû compter son retour que du moment qu'il a repris son veritable nom: & aussi-tost après qu'il se fust declaré en Justice, il fit son abjuration, ce qui arriva en 1699. Ce n'a esté que sept ans après que l'Arrest du Parlement de Provence luy confirmant son Etat, luy a adjugé les biens de sa famille ; en quoy on ne peut pas dire, que cet Arrest ait contrevenu aux Edits, & Declarations du Roy, puisque Sa Majesté n'a jamais eu l'intention de priver des biens des peres & meres Huguenots refugiez, les enfans qui se font Catholiques.

XIII. MOYEN.

Sur ce que l'Arrest du 14. Juillet 1706. a prononcé sur des appellations & demandes qui n'avoient pas esté appointées, ce n'est qu'une ouverture de Requeste Civile : mais

REPONSE.

Un moyen de Requeste Civile ne peut jamais estre regardé comme moyen de cassation, & sur-tout lorsque les moyens de cassation ont esté détruits comme le vien-

quand elle est jointe à des moyens de cassation, elle en prend toute la force.

L'Appointement du 25. Octobre 1700. n'estoit que sur la demande en execution de l'Arrest du 18. Juin 1700. c'est à dire, sur l'Enqueste ; ainsi on n'a dû prononcer que sur cela seulement : Cependant l'Arrest a statué tant sur les appellations de la Procedure criminelle, que sur l'opposition du deffendeur à l'Arrest du 30. Juin 1690. & sur les Lettres de Rescision de la Dame Rolland, aussi-bien que sur les appels des Ordonnances des 16. Septembre, 21. & 27. Novembre, & 2. Decembre 1699. & 8. Mars 1700.

nent d'estre ceux de la Dame Rolland. On y répond cependant, afin de faire voir que le Parlement d'Aix n'a manqué à aucunes formalitez. En reglant la demande en execution de l'Arrest du 18. Juin 1700. il a appointé les Parties sur toutes les qualitez où estoient compris les appels du deffendeur, dont le Jugement deffinitif terminoit tout le Procez. C'est la Dame Rolland elle-même qui présenta sa Requeste pour demander l'appointement sur l'Arrest du 18. Juin qui ordonnoit l'Enqueste : La preuve qui en resultoit détruisoit, & aneantissoit tout le reste du Procez ; ainsi la Dame Rolland est non-recevable : elle l'est encore davantage, puisque c'est elle-même qui avoit demandé ce Reglement, & qui avoit conclu à ce que le Parlement statuât sur le tout par Jugement nouveau.

Le deffendeur a déja fait voir que le crime de supposition se decide, & finit entierement par la reconnoissance de l'accusé, qui ne se peut faire que par Enqueste. Le Sieur de Caille a fait sa preuve, la Dame Rolland a fait la sienne contraire ; & de plus l'Arrest du 18. Juin 1700. qui a donné lieu à l'appointement du 25. Octobre 1702. portoit en termes exprès : *Sauf à faire droit sur les preuves s'il y écheoit.*

Ce qui marque que le Parlement s'eſtoit reſervé de prononcer ſur cela , comme il a fait par ce même appointement; mais cette reſerve n'a pas eu ſon effet , parce que la reconnoiſſance du deffendeur a tout aneanti en confirmant
deffinitivement ſon Etat.

XIV. MOYEN.

L'Arreſt du 14. Juillet 1700. n'eſt pas ſoûtenable, parce qu'il contient une iniquité evidente.

REPONSE.

On n'a jamais allegué un ſemblable moyen de caſſation contre un Arreſt de Cour Superieure. L'uſage conſtant,
uniforme , & invariable du Conſeil , a toûjours eſté de rejetter les prétendus *griefs ou mal jugez* des Arreſts au fond ; & de n'admettre en la forme que les contraventions aux Ordonnances , Reglemens ,
Edits, & Declarations de Sa Majeſté.

Si neanmoins il arrivoit qu'un Parlement rendit un Arreſt qui en renfermant une iniquité évidente , mais qui fuſt
averée , ſenſible, & inconteſtable , contrevint formellement
à quelque article de l'Ordonnance , en ce cas là l'iniquité
évidente pourroit eſtre reçûë comme un moyen de caſſation , moins cependant comme iniquité, que comme contravention à l'Ordonnance : Par exemple , par l'article 57.
de l'Ordonnance de Moulins , il eſt dit : *Que les ſubſtitu-
tions ſeront reſtraintes au quatriéme degré , outre l'inſtitution.*
Suppoſons qu'au préjudice d'une diſpoſition ſi préciſe , un
Parlement eut ouvert un *fidei-commis* en faveur d'un parent
au *cinquiéme ou ſixiéme degré* , il eſt certain , qu'un pareil
Arreſt ſeroit ſuſceptible de caſſation par l'iniquité évidente qu'il contiendroit au fond , pour avoir manifeſtement
contrevenu à cette Ordonnance ; ce Jugement ne ſeroit regardé comme inique que pour n'avoir pas obſervé la Loy.

Dans la Jurisprudence, comme dans la Religion, le mal n'est mal que par la transgression des Decrets du Legislateur : mais dans d'autres cas que la Loy n'a pas pû prévoir, tels que sont les questions de fait, & entre-autres celles d'Etat, qui dépendent des preuves, il est constant que la seule volonté des Juges, déterminée par leurs lumieres, & par leur équité, en doit faire la decision.

L'affaire du deffendeur estoit uniquement une question de fait, & nullement une de droit ; puisqu'il s'agissoit de prouver par des Enquestes, *S'il estoit le veritable fils du Sr de Caille, ou non.* Les Ordonnances ne pouvoient point avoir prévû cette espece particuliere, ni par consequent elles n'avoient pû rien statuer là-dessus ; tout dépendoit des dépositions, & de l'examen des preuves : c'étoit donc aux Officiers du Parlement d'Aix à decider en Arbitres souverains, suivant ce que leur dictoit la justice. En quoy donc leur Arrest merite-t-il qu'on l'accuse d'iniquité ? En quoy a-t-il contrevenu aux Ordonnances ? Est-ce pour avoir sçû discerner la difference extrême qu'il y avoit entre la personne du deffendeur, & le portrait du veritable Pierre Mege ? Est-ce pour n'avoir pas voulu admettre la pretenduë *preuve de la mort d'un homme* qui estoit vivant, qu'ils avoient devant leurs yeux, & qui s'estoit volontairement constitué leur prisonnier ? On doit plûtost loüer leur discernement, & leur sagesse, que de les accuser d'iniquité & de contravention à aucune Ordonnance.

De plus, puisqu'il y a quatre Juges qui ont esté d'avis de declarer le deffendeur atteint & convaincu de supposition, cinq qui ont douté de la mort du Sieur de Caille fils, & qui vouloient s'en éclaircir ; cela prouve que la question estoit problematique, par consequent susceptible de differentes opinions ; ainsi les quatorze Juges qui ont formé

l'Arrest

49

l'Arreſt pouvoient donc opiner comme ils ont fait, ſans qu'on puiſſe accuſer leur Jugement d'iniquité, puiſqu'ils ne ſe ſont déterminez que par des preuves convainquantes & entierement deciſives. La preuve affirmative de l'exiſtance d'un homme devant toûjours, ſuivant les regles de la juſtice & du bon ſens, l'emporter ſur la preuve de la mört, negative & toûjours incertaine. Mais la probité des Magiſtrats de Provence n'a eſté attaquée par les Parties adverſes, que depuis l'Arreſt rendu, parce qu'il ne leur a pas eſté favorable.

Nos Rois n'ont jamais preſcrit aux Officiers qui exercent la Juſtice ſous leur autorité, que de certaines Loix ſur quelques cas énoncez dans les Ordonnances. Ce ſeroit offenſer leur pouvoir & leurs lumieres, que de vouloir les reſtraindre juſqu'à les rendre reſponſables de leurs opinions. Ce ſeroit, pour ainſi dire, avilir le noble caractere de Juges, leur oſter la volonté de l'être, charger leur honneur, & les declarer indignes du choix du Prince, auſſi-bien que de la place qu'ils occupent, que de les ſoumettre & de les aſſujettir à une pareille cenſure, eux qui ne doivent rendre compte qu'à Dieu ſeul & à leur propre conſçience des principes de leurs deciſions touchant la fortune & la vie des hommes.

AUTRES FINS DE NON-RECEVOIR
ſur-abondantes, contre la demande en caſſation.

C'Eſt peu d'avoir fait connoiſtre, par des recits plus ſinceres que ceux de la Dame Rolland, que le Parlement d'Aix a rendu juſtice au deffendeur, en luy rendant ſa qualité, ſon eſtat & ſon bien; le Sieur de Caille a encore d'autres raiſons pour ſa deffenſe. Quoyqu'il ait déja

G

suffisamment contredit & détruit les prétendus moyens de caſſation qu'on luy a oppoſez , il va encore expliquer d'autres fins de non-recevoir qui prouvent invinciblement que l'Arreſt confirmatif de ſon Eſtat n'eſt pas ſuſceptible de caſſation.

PREMIERE FIN DE NON-RECEVOIR.

Le Conſeil du Roy ne connoît point des Affaires Criminelles.

LE Conſeil n'eſt point ſaiſi du fond de la conteſtation, puiſqu'il ne l'a point évoquée. Les Magiſtrats qui le compoſent ſont trop éclairez & trop inſtruits des Regles pour le faire ; il eſt inoüi que le Conſeil ait jamais connu des Affaires Criminelles.

La *Juſtice* & la *Clemence* ſont les plus grands attributs des Rois, qui ſont les images vivantes de Dieu : mais comme ces deux vertus ſemblent quelquefois oppoſées l'une à l'autre , quoy qu'elles s'accordent parfaitement dans le cœur de Sa Majeſté heureuſement regnante, nos Princes toûjours plus portez à la douceur qu'à la ſeverité , ſe ſont reſervez la Clemence, & ont remis l'épée vengereſſe de leur Juſtice entre les mains de leurs Magiſtrats.

Quand des coupables ont merité la mort, ce n'eſt point la bouche des Rois qui en prononce l'Arreſt formidable ; ils ſe dépoüillent, pour ainſi dire, de leur autorité ſouveraine quand il faut *punir*, & ne la reprennent que pour *pardonner*.

Les Chanceliers Gardes des Sceaux , dépoſitaires de la Puiſſance Royale, & toûjours attachez à la Perſonne ſacrée du Prince, ne connoiſſent des Crimes que pour en remettre la peine par des Lettres de Grace & de pardon : & comme Sa Majeſté eſt cenſée preſente à tous ſes Conſeils , ce

feroit en quelque maniere bleffer fa clemence que d'y juger
à fond une affaire criminelle ; ce qui paroît manifeftement,
puifqu'il n'y a pas même de Procureur General pour reclamer la vindicte publique. Si nos Rois connoiffoient
par eux-mêmes des Procez Criminels, leur clemence l'em-
porteroit fur leur Juftice, & les méchans triompheroient à
l'abry de la bonté du Prince.

Le Confeil du Roy depuis fon établiffement, fuivant
fes Ufages & fes Reglemens de tous les temps, n'a jamais
connu dans la forme, non plus qu'au fond & principal,
d'aucunes affaires de la competence des Juges ordinaires, moins
encore des *queftions d'Eftat capitales*, & *des actions Crimi-*
nelles, comme eft celle qui a efté intentée contre le deffendeur, *en fuppofition de nom & de perfonne* ; fi on admettoit
cette faculté de venir au Confeil, ce feroit non feulement
contrevenir aux Reglemens, mais encore arrefter le cours
de la Juftice, & procurer l'impunité des crimes.

Les Arrefts deffinitifs des Cours Superieures en matiere
Criminelle s'executent dans le jour ; & il eft inoüï que l'on
ait jamais decidé au Confeil fur un pareil jugement devant
ou après l'execution, au fond ni dans la forme. S'il eftoit
permis de fe pourvoir en caffation contre un Arreft qui
condamne un homme à mort, foit fous pretexte de quelque
contravention, foit fous celuy d'une prétenduë *iniquité*
evidente, ce qui eft formellement deffendu par les Ordonnances, il n'y a pas un criminel qui ne prît cette voye
pour prolonger fa vie de quelque temps, & qui ne fît tous fes
efforts pour échaper par des longueurs infinies à l'équitable
rigueur de la Juftice.

Si un Jugement rendu deffinitivement contre un Criminel eftoit caffé pour quelque nullité dans la Procedure, ou
pour quelque contravention à l'Ordonnance, il faudroit

neceſſairement que l'on renvoyât l'affaire à une autre Cour pour la juger de nouveau. Alors quelles dépenſes ne faudroit-il pas faire pour le tranſport des coupables ? Quels frais immenſes pour les voyages, ſéjours, & retours de tous les témoins ? Quel temps infini pour recommencer l'inſtruction & l'examen de tout le Procez? Quelles longueurs affreuſes dans les Procedures pour les Recolemens & les Confrontations ? Combien de preuves déperiroient, ſoit par la mort ou par l'abſence des témoins, ſoit par d'autres changemens qu'on ne peut pas prévoir ? Ce qui oſteroit abſolument aux Juges à qui on renvoyeroit l'affaire, les moyens de connoître & de découvrir la verité ; que les Juges qui l'auroient examinée les premiers ſont cenſez eſtre plus en état d'avoir diſcerné, quand toutes les preuves étoient encore en leur entier.

Ce ſont, ſans doute, ces grands inconveniens, & ces juſtes raiſons, qui ont porté nos Rois à s'interdire à eux-mêmes, & à leur Conſeil, la connoiſſance des Cauſes Criminelles au fond & dans la forme.

SECONDE FIN DE NON-RECEVOIR.

On ne peut pas eſtre jugé deux fois en matiere Criminelle.

APrès avoir prouvé que le Conſeil ne connoît point des affaires Criminelles au *fond*, ni dans la *forme*, & que le Procez du Sieur de Caille eſtant purement *Criminel*, n'eſt par cette raiſon nullement de ſa competence ; il reſte encore à prouver que le deffendeur ayant déja eſté jugé, ne peut plus l'eſtre une ſeconde fois.

C'eſt une maxime certaine & indubitable, que dans une affaire capitale on ne ſubit jamais un ſecond Jugement. La Regle *non bis in idem*, qui eſt tirée de l'eſprit des Loix, eſt fi connuë, qu'il eft inutile d'en rapporter l'origine.

Les Loix Romaines, dont la fageffe a efté adoptée par les Ordonnances de nos Rois, & par les difpofitions de nô- tre Jurifprudence, decident formellement , *Qu'une chofe jugée a la force de la verité.* Et tous les Jurifconfultes conviennent unanimement, *qu'une chofe jugée eft une fin de non-recevoir infaillible & perpetuelle.* On fe contente de rapporter icy quelques citations, pour ne pas entrer dans un trop grand détail qui pouroit eftre ennuyeux.

Le Procez du deffendeur comprenoit & réüniffoit enfemble la *queftion d'Eftat*, & *l'action Criminelle* ; & les Loix etabliffent encore plus folidement fur ces deux points capitaux, que fur aucuns autres, *qu'il n'eft pas permis de les juger deux fois.* Comme elles panchent toûjours vers la douceur , quoy qu'elles n'ayent que la juftice en vûë , elles veulent qu'un homme qui fur une accufation a couru rifque de la vie , & qui par un Jugement deffinitif a évité le danger de la perdre, n'ait plus rien davantage à appréhender.

Nous voyons , par le Droit Ecrit qui s'obferve exactement en Provence, *Que quand même il feroit evident qu'un Tribunal auroit mal jugé , & fi perperam judicaffet , on ne peut plus examiner l'affaire de nouveau.* Et l'on peut dire même, que la maxime *non bis in idem* , fuppofe que le Jugement n'a pas efté rendu dans les regles : Car fi on euft préfumé qu'aucuns Jugemens ne fuffent fufcepribles de repréhenfion, on n'auroit jamais introduit cet axiome de Droit ; ainfi la Loy fuppofant que les Juges ont manqué non feulement aux formalitez, mais encore à la juftice, elle decide nonobftant cela, *qu'on ne peut plus juger la même affaire une feconde fois.*

Les Juges gardent religieufement les Loix qui leur ont efté prefcrites, même contre des accufez qui depuis l'Ar-

Res judicata pro veritate habetur. Reg. juris 207.

Exceptio rei judicata perpetua & peremptoria eft. DuMoulin Tome 4. p. 127. l. 56. ff. de Queftione finita tit. de Re judicata lib. 42.

L. 62. de Sent. non mutanda. T. de Re judicata ff. lib. 42.

reſt ont eſté reconnus pour coupables. Combien a-t'on vû de Criminels contre qui on avoit des indices violens, reſiſter à la queſtion, & avoüer enſuite leurs forfaits ſans rien craindre, parce que l'Arreſt ou les abſolvoit, ou les condamnoit à d'autres peines moindres que la mort, en cas que dans la torture ils n'avoüaſſent pas leurs crimes.

Si l'on en uſe ainſi avec des coupables averez, à combien plus forte raiſon doit-on obſerver la même conduite avec des accuſez innocens & juſtifiez.

Le Sieur de Caille n'a-t'il pas éprouvé aſſez de peines cruelles ? Après huit ans de priſon, après des Interrogatoires ſur la ſellette, après mille traverſes & mille incertitudes terribles, voudroit-on le reduire à la fâcheuſe & triſte neceſſité de recommencer à ſouffrir, pour prouver une verité que huit ans d'inſtruction & d'examen ont aſſez découverte ? Voudroit-on qu'il euſt encore à craindre pour ſon innocence, que la malice de ſes ennemis luy a fait acheter ſi cher ? Mais il n'a jamais craint; la bonté de ſa cauſe l'a toûjours raſſuré, puiſqu'il n'a pas voulu s'enfuir des priſons, quoy qu'on luy en euſt fourni exprès l'occaſion.

Si l'Arreſt authentique qu'il a obtenu pouvoit eſtre attaqué, il n'y a plus rien de certain ni pour la poſſeſſion des biens, ni pour la tranquilité de ceux qui ont des Jugemens deffinitifs en leur faveur ; il n'y a plus au monde perſonne aſſuré de ſon état ni de ſa vie.

Le repos des familles, à quoy toutes les Loix aſpirent, ne ſera plus maintenant qu'une idée, ſi un homme ne peut encore compter ſur rien, par les vains & foibles moyens de caſſation que ſes Parties adverſes oppoſent contre un Arreſt ſolemnel d'un Parlement auſſi celebre qu'éclairé, qui a eſté formé par les ſuffrages de quatorze Juges, & rendu ſur les depoſitions d'une multitude de témoins, par la con-

viction d'un grand nombre de marques corporelles &
toutes particulieres, & enfin après un examen de près de huit
années.

La Loy doit eftre égale de part & d'autre. Si le Sieur de
Caille avoit eu le malheur de foûtenir une impofture , &
d'être condamné comme fuppofé , il n'auroit pas pû fe pourvoir en caffation contre l'Arreft qui l'auroit declaré Impofteur, & qui auroit efté executé dans le jour ; ainfi à plus
forte raifon, puifque le Parlement d'Aix a connu la juftice
de fon droit, & la luy a renduë, la Dame Rolland eft mal
fondée de demander la caffation d'un Arreft, contre lequel
le Sieur de Caille n'auroit pas pû demander la même chofe.
La condition de l'accufé, & fur-tout d'un accufé innocent,
doit être toûjours plus favorable.

Quoy faut-il, parce que le deffendeur fe trouve eftre le
veritable fils du Sieur de Caille, qu'il effuye une vexation
& une perfecution que fes Parties adverfes n'auroient pas
éprouvées, s'il euft efté affez malheureux pour fuccomber
fous leurs artifices, malgré la juftice de fa caufe ? Un innocent auroit-il donc un fort plus malheureux qu'un coupable ? Et voudroit-on, s'il eft permis de le dire, le punir de
n'avoir pas efté criminel ?

REFLEXIONS SOMMAIRES

SUR LE MEMOIRE IMPRIMÉ
de la Dame Rolland.

CE Volume, qui n'a d'autre objet que de prouver la prétenduë *iniquité evidente de l'Arreſt du Parlement d'Aix*, doit eſtre regardé comme un pur Libelle diffamatoire, puiſqu'il n'eſt ſigné de perſonne, qu'il n'a point eſté ſignifié, & qu'il eſt rempli d'impoſtures & de calomnies qui n'ont pas le moindre fondement.

Le deffendeur, ſans entrer en aucune maniere dans le fond, dont il ne s'agit point au Conſeil, relevera ſeulement quelques contradictions manifeſtes, & pluſieurs fauſſetez ſoûtenuës par des raiſonnemens captieux; afin de détruire, en leur oppoſant la verité, les mauvais effets que tant de menſonges pourroient avoir produits: & s'il eſtoit vray qu'ils en euſſent pû produire quelques-uns, on en appele du public prévenu au public équitable.

Si les injures eſtoient des raiſons, la Dame Rolland peut ſe vanter d'en avoir avancé plus que perſonne. Si on retranchoit de ſon Memoire toutes celles qui y ſont repanduës contre le deffendeur, les railleries piquantes que l'on y fait contre l'Avocat qui l'a deffendu en Provence, les invectives énormes & calomnieuſes, que l'on y dit contre les quatorze Juges qui ont formé l'Arreſt deffinitif, contre le Rapporteur du Procez, & contre les témoins qui ont eſté favorables au Sieur de Caille, parce qu'ils ont eſté veridiques : Enfin ſi on ſupprimoit encore ce qu'il y a de fabuleux

buleux, on ne ſçait ce qui pourroit reſter de ce Libelle.

Il faut avoüer cependant qu'il eſt écrit avec tout l'eſprit & toute l'adreſſe imaginables; c'eſt dommage qu'il n'y manque que la verité: mais elle y eſt trop offenſée pour ne la pas vanger en la découvrant.

Il eſt fort étrange, & contre toutes les Regles, que la Dame Rolland ſe ſoit emportée contre les Juges du Parlement d'Aix, juſques à dire : *Qu'ils avoient deux poids & deux meſures, qu'ils ont mepriſé ce qu'il y a de plus certain dans la foy humaine, de plus inviolable dans la nature ;* & que dans differens endroits de ſon Memoire elle les ait accuſez *d'aveuglement, de prevention, d'erreur, de deny de Juſtice, d'iniquité dans leur Jugement, & d'application unique à couvrir leur iniquité.* Comme elle avance, ſans fondement , tant d'invectives contre une Cour Superieure , elle doit ſubir la peine & l'amende de 3000. l. que la ſageſſe du Roy a prononcée par un Reglement general de ſon Conſeil du 21. Mars 1679. contre ceux qui en demandant la caſſation d'un Arreſt, ſe repandent en injures contre les Juges qui l'ont rendu.

Memoire page 3. & autres.

Quand on veut attribuer de grandes fautes à des perſonnes incapables d'en faire, il faut au moins tâcher de leur trouver de grands motifs ; qui a donc pû *prevenir, aveugler, jetter dans l'erreur, faire ceſſer d'eſtre juſtes* , & rendre *injuſtes* les Officiers du Parlement de Provence ? Ce Corps qui a toûjours fait voir tant de lumieres & d'integrité ? Ce Corps en un mot, qui ſuit ſi bien les traces de ſon illuſtre Chef ? Quel homme auroit eſté capable d'obliger cette celebre Compagnie à ſe dementir ? C'eſt un homme ſans eſprit ſublime, ſans ſçience, ſans credit, ſans biens, ſans appui, & enfin ſans autre ſecours pour vivre que les genereuſes charitez qu'on luy a faites pendant tout le temps de ſa longue priſon.

H

Si le Sieur de Caille, que l'on vouloit faire passer pour *un Cardeur*, & pour *le fils d'un Galerien*, avoit pû, estant ce que ses adversaires supposoient, faire rendre un Arrest en sa faveur, luy qui avoit à combattre une partie puissante & dangereuse, à qui l'argent a fait suborner des témoins, & trouver des moyens aisez pour falsifier un grand nombre de Pieces; dont le rang & le credit ont fait mettre en mouvement les Puissances les plus formidables, de grands Magistrats, des Prelats d'une dignité éminente, des Villes, une nation entiere. C'est là que l'on pourroit dire avec juste raison, qu'il y auroit du *prestige*, & de *l'enchantement*. La verité seule a operé toutes ces merveilles; cette verité, qui triomphe de l'artifice & de la calomnie, est le seul mobile, qui a esté capable de déterminer des Juges qui n'aiment & ne cherchent qu'elle, en faveur d'un infortuné qui n'avoit qu'elle seule pour appui.

C'est sans raison que la Dame Rolland a voulu noircir par mille calomnies la reputation de M. Boyer d'Aguilles. Les lumieres de ce Magistrat égalent sa droiture : sa probité est si generalement reconnuë, que ce seroit luy faire injure que de la vouloir deffendre : on ne le reconnoît point dans le portrait satirique & diffamant que l'on a fait de luy en divers endroits du Memoire. On se contentera de rapporter simplement la maniere dont les choses se sont passées au sujet de la Requeste qu'on avance faussement *qu'il avoit supprimée*.

Pages 56. 57. 58. 59. 258. & 149. du Memoire.

Il est bon de reprendre de plus haut ce fait de Procedure, afin de l'éclaircir d'avantage. La Dame Rolland convient elle même dans son Memoire, *Qu'elle donna une Requeste au Parlement d'Aix, par laquelle elle demanda qu'il luy plust commettre un Commissaire* in partibus, *pour faire la preuve de la mort du Sr de Caille fils, & que cette Requeste fust jointe au*

Page 9.

Procez par Arrest du 28. Juin 1700. pour y estre fait droit s'il y écheoit. Ce sont les propres termes de l'Arrest.

Il est necessaire de remarquer que la Dame Rolland acquiesça à cet Arrest. Que cinq ans après, à l'occasion de l'affaire criminelle entre Messieurs de S. Antonin, & Messieurs de Cormis, le Parlement d'Aix commit les Sieurs Carnaud & Gassendy, qui connoissoient personnellement le Chevalier de Cormis, pour aller verifier s'il estoit effectivement en Suisse, comme le soûtenoient Messieurs de S. Antonin. Là dessus la Dame Rolland se pourvût encore par Requeste du 30. Mars 1705. *afin de faire commettre les mêmes Sieurs Carnaud & Gassendy pour dresser Procez verbal sur le deceds du fils du Sr de Caille lorsqu'ils seroient en Suisse.*

Rien n'estoit plus inutile que cette nouvelle Requeste, depuis que la precedente qui tendoit aux mêmes fins, avoit esté renvoyée pour y estre fait droit s'il y écheoit en jugeant le Procez. Elle fût neanmoins réponduë d'un *Soit montré au Procureur General & à Partie.* Le deffendeur y fit reponse lors de la signification, *qu'il donneroit sa Reponse contraire.* Il la presenta en effet, & la fit signifier le premier d'Avril suivant. Mais comme la Dame Rolland n'y fit pas de Replique, & qu'elle ne remit pas même l'original de sa Requeste signifiée le trente Mars precedent, le deffendeur donna sa seconde Requeste en Recharge de sa premiere, qui sortit *en blanc*, c'est à dire, comme on parle en Provence, qu'il n'y eut *point de Decret.* Ce qui n'empêcha pas neanmoins, que cette même Requeste ainsi retirée & retenuë par la Dame Rolland, ne fut vûë au Procez, puisque la copie qui en avoit esté signifiée de sa part, & qui est l'original du deffendeur, se trouve visée dans l'Arrest deffinitif, avec les Requestes contraires du Sr de Caille.

Il est facile de connoître par ces faits, que *M. d'Aguilles n'a pas gardé cette Requeste de la Dame Rolland en sa poche comme elle suppose :* Si cela euft été vray, la Dame Rolland ne se seroit-elle pas plaint de ce prétendu *deny de Justice* dans le temps ? Pourquoy a-t'elle laissé passer quinze mois entiers devant le Jugement deffinitif du Procez, sans rien dire sur un fait de cette conséquence ? Pourquoy enfin le releve-t'elle aujourd'huy dans son Libelle, devant des Juges qui ne peuvent pas en connoître, elle qui a gardé le silence pendant un si long intervalle de temps devant ceux qui auroient pû luy rendre justice, si elle la leur euft demandée, & si le fait euft été veritable ?

La Dame Rolland dans son Memoire attaque encore le Sieur de Boyer avec aussi peu de fondement, quand elle luy demande, *Pourquoy il n'a pas interrogé le deffendeur, & s'il craignoit de connoître la verité ?* Il n'est pas capable de craindre la seule chose qu'il aime. Le Sieur de Caille a suby des Interrogatoires aussi severes qu'exacts d'un Magistrat pénétrant & éclairé ; ainsi la verité avoit été découverte : c'est donc par des sentimens, dont on ne peut pas exprimer la noirceur, que l'on avance que le Sieur de Boyer d'Aguilles évitoit de la connoître.

Est-il permis, sur de si évidentes suppositions, d'accuser un des plus anciens Officiers d'une Cour Superieure, plus respectable encore par son mérite que par son ancienneté, d'avoir eu *plus que de la partialité*, & d'être capable d'un *deny formel de Justice ?* Il est aisé de connoître par cette affectation à rechercher tant de faussetez pour ternir l'honneur de M. Boyer d'Aguilles, que les bonnes raisons manquent aux demandeurs ; on n'employe jamais le mensonge ni les invectives quand on a la verité pour soy.

La Dame Rolland, en personne habile, attaque le plus vivement ce qui peut faire le plus d'effet en faveur du Sieur

de Caille. Ce n’eſt que parce que la dépoſition de Madame
la Marquiſe de S. Juers détruit le ſiſtême de la prétenduë
mort du deffendeur, que la demandereſſe ſe déchaîne con-
tr’elle avec tant d’emportement , & avec une malignité ſi
outrée. C’eſt une maniere qui convient auſſi peu à la Juriſ-
prudence, qu’à la politeſſe, de dire, en parlant d’une perſonne de qualité, *une femme nommée la Dame de S. Juers ;* on
pourra peut-être ſe perſuader que l’Apologiſte de la Dame
Rolland a pû ignorer le rang & le mérite de Madame la
Marquiſe de S. Juers de Caſtellane : mais la Dame Rolland
ne pouvoit ni ne devoit méconnoître la condition diſtin-
guée de cette Dame, puiſqu’elles avoient logé plus d’un an
enſemble à Grenoble.

Quant à ſa dépoſition elle eſt faite avec tant de circonſ-
pection & de ſageſſe, que la ſeule lecture en fait la juſtifica-
tion. On la rapporte icy toute au long, afin qu’on puiſſe
juger plus préciſément de ſa ſincerité.

Conſtituée Dame Marquiſe de Lombard de Gourdon, “376. e.
épouſe du Sʳ Marquis de S. Juers, âgée de 51. an, témoin aſſigné “ du 30.
par Exploit du jour d’hier, laquelle moyennant ſerment “ Mars
oüy ſur l’Arreſt à elle lû, aprés avoir declaré n’être parente “ 1701.
ny alliée des Parties, admoneſtée de l’Ordonnance, “

A dit : Qu’ayant entendu le bruit que faiſoit la publica- “
tion, qu’on avoit faite en divers lieux d’un Monitoire pour “
raiſon de l’état d’un priſonnier qui ſe dit fils du Sr de Caille, “
elle auroit eſté touchée d’un mouvement de conſçience, & “
cruë obligée d’en reveler ce qu’elle en ſçavoit ; & avant ce “
faire, elle auroit jugé à propos de conſulter ſes Confeſſeurs : “
& non contente de leur conſeil, elle auroit encore conſulté “
deux Peres de l’Oratoire, l’un Superieur de la Maiſon d’Aix, “
& l’autre actuellement Predicateur à la Paroiſſe de la Mag- “
delaine, tous deux connus, & le Predicateur ami particu- “

„ lier de la Dame Rolland ; & cela d'autant mieux, qu'étant
„ iceux des amis de M. & Dame de Rolland, la déposante
„ cherchoit le sentiment de quelque Directeur qui pust la
„ dispenser de declarer ce qu'elle sçavoit, n'ayant pas été pré-
„ sente aux publications des Monitoires; mais les ayant seu-
„ lement appris par la voye publique, dans le temps même
„ qu'elle, qui dépose, a gardé la chambre dans cette Ville d'Aix
„ plus d'un mois, & le lict même, où la Dame de Rolland l'est
„ venuë visiter : mais les deux Peres de l'Oratoire, aussi-bien
„ que tous les autres Confesseurs que la déposante a consultez,
„ ont unanimement declaré, que n'ayant qu'une ame à sau-
„ ver, on étoit obligé de dire la verité quand on la sçait ; &
„ que le respect humain ne doit point empêcher, ni obliger
„ de biaiser, autrement les Censures seroient inutiles ; ce qui
„ a obligé la déposante malgré elle, de s'aller présenter au
„ Curé de la Magdelaine ; à cet effet, y ayant trouvé un bon
„ Prêtre qui luy dit, que les Revelations étoient fermées & fi-
„ nies, elle se porta au S. Esprit, & revela pardevant Messire
„ de Cujis le Curé, qu'étant à Grenoble en mil six cens qua-
„ tre-vingt dix-sept, où elle séjourna environ une année à la
„ poursuite des Procés, estant logée dans la même maison où
„ habitoit Madame de Rolland, qu'elle voyoit tres-souvent; il
„ arriva qu'un jour parlant de la famille du Sr de Caille, elle
„ qui dépose auroit demandé à la Dame de Rolland pour-
„ quoy elle n'avoit pas fait venir son neveu en France : A quoy
„ ladite Dame de Rolland répondit, qu'elle avoit fait ce qu'-
„ elle avoit pû, & même *qu'elle leur avoit envoyé de l'argent*,
„ & *quê son neveu seroit venu*, mais que son pere l'avoit em-
„ pêché, CE QUI AVOIT OBLIGE' SON NEVEU A SE SAUVER,
„ & qu'on avoit envoyé aprés luy ; & ajoûta ladite Dame de
„ Rolland, que voyant qu'elle ne pouvoit avoir son neveu, elle
„ auroit fait ce qu'elle avoit pû pour avoir sa niece, pour la

marier à Grenoble, & luy donner son bien : mais que le Sr de «
Caille n'avoit jamais voulu consentir qu'elle revint en Fran- «
ce. Depose encore que pendant son même séjour à Greno- «
ble, il y vint un homme de Suisse à cheveux blonds, habillé «
de rouge, qui vint voir la Dame de Rolland pour luy don- «
ner des nouvelles du Sr de Caille ; & ladite Dame de Rol- «
land dit pour lors à la déposante, qu'elle appréhendoit que «
le Sr de Caille ne voulut donner à cet homme là sa fille en «
mariage ; & comme ce Suisse partit pour Provence, la Dame «
de Rolland luy dit : Qu'elle ne pouvoit comprendre ce qu'il «
y pouvoit aller faire, le tout de la même maniere que la dé- «
posante l'a entendu dire à la Dame de Rolland elle-même, «
dont elle a toûjours été bonne amie, qu'elle n'a revelé pré- «
sentement qu'à contre cœur, pour la décharge de sa con- «
science, & sans y avoir esté portée par la sollicitation de la «
Dame de Puy-Loubier niece d'elle qui depose, ni d'aucune «
autre personne, ainsi que la Dame de Rolland a fait mettre «
dans la protestation faite par son Procureur dans le Verbal, «
estimant mieux le repos de sa conscience, que tous les biens «
& les faveurs du monde, & plus n'a dit sçavoir. Lecture «
faite y persistant, & à signé. Signez, GOURDON S. JUERS, «
BOYER, & DE REGINA. «

On verra facilement si une deposition de ce caractere
doit estre traitée *de bien impertinente*, & si on peut dire
qu'elle est *pleine d'affectation, de contradictions, & de fausse-* Pag. 49.
tez d'un bout à l'autre. On ne relevera pas les injures gros- 50. 51.
sieres, ny les termes insultans dont la Dame Rolland se sert
pour l'attaquer ; ils ne sont pas capables d'en diminuer la
force le moins du monde, & ne sont dignes que de mépris.
La Dame Rolland dit : *qu'elle n'a jamais eu de liaison avec*
la Dame de S. Juers. Toute la Ville de Grenoble, & celle
d'Aix peuvent assurer le contraire, puisque ces deux Dames

ont logé en même maifon pendant un an dans celle-là, &
qu'elles fe font rendu vifite dans celle-cy.

La Dame Rolland ajoûte encore, *que nul autre temoin ne
dit quoy que ce foit d'approchant* du fait de l'évafion du deffendeur. Cependant le 59ᵉ témoin de l'Enquefte du Sieur
de Caille confirme & circonftancie plus particulierement
les mêmes faits qu'à avancez Madame de S. Juers, & nom-
me l'Officier Suifle qui devoit époufer la Demoifelle de
Caille. On va rapporter encore cette dépofition, parce
qu'elle eft importante, & qu'elle fe trouve appuyée par d'autres témoins.

On ne prétend point difcuter en rien le fonds de l'affaire;
mais on veut uniquement faire voir, en rapportant un feul
exemple, combien on doit eftre en garde, & fe défier de
tous les faits dont parle le libelle, puifque les menfonges y
font avancez avec autant de fermeté que le pourroit eftre la
verité même. Comment ofe-t'on dire, *que nul autre temoin
ne dit quoy que ce foit d'approchant* de ce que Madame de
S. Juers a dépofé, puifqu'il y en a vingt-cinq qui difent précifément la même chofe, *Que le fils du Sr de Caille s'eft fau-
vé de Geneve, qu'il n'eft point mort, & qu'il y en a qui ajoû-
tent qu'il y a du myftere dans cette mort.*

L'imagination eft-elle entraînée par l'erreur, lorfque 25. témoins affurent un fait? Et doit-on dire, comme fait la Dame
Rolland, *que les preuves de la mort doivent l'emporter?* Lors
que cette prétenduë *mort* fe trouve précifément détruite par
la preuve de l'évafion de celuy qu'on vouloit faire paffer
pour decedé. Venons maintenant à la dépofition du 59ᵉ
témoin.

„Conftitué Abraham Pillet, Marchand originaire du lieu
de Maffillargues en Languedoc, refidant à Marfeille, âgé
„ de 46. ans, témoin affigné & produit à la requefte du pri-
fonnier,

fonnier, ainfi qu'il a fait apparoir de la copie de fon affigna- "
tion du 25. Novembre dernier : Lequel moyennant ferment "
oüi, fur ledit Arreft à luy lû, après avoir declaré n'eftre pa- "
rent, allié ny domeftique des parties, admonefté de l'Or- "
donnance, "

A dit : Qu'il eft encore de la Religion Pretenduë Refor- "
mée, & quoy que né François a pris des Lettres de Natura- "
lité en Suiffe au Canton de Berne ; & depuis pour faire va- "
loir fon commerce, fe trouve à prefent engagé au Bureau "
du Sr de Condamine Baguet, Marchand de Loge de la Ville "
de Marfeille ; & fe fouvient d'avoir vû le Sieur de Caille & "
fon fils, & la Dame de Caille fa grand'mere, la Dame de "
Lignon fœur dudit Sr de Caille, la Damoifelle de S. Etienne "
l'aînée, & deux filles du Sr de Caille, le fils de la Dame de "
Lignon, & fes deux filles, dans le lieu des Defcarenes à trois "
lieuës de Nice en 1685. auquel temps cette famille quittoit "
le Royaume ; & dans le même temps le dépofant habitoit à "
Nice, & luy qui dépofe les vit depuis en 1686. dans la Ville "
,capitale du Canton de Berne ; après quoy les affaires du "
dépofant l'ayant obligé à faire divers voyages,il n'auroit plus "
entendu parler de cette famille des Cailles, que l'année "
paffée au mois de Juillet 1699.que le dépofant étant à Geneve "
dans la maifon de Jacques Buiffon Marchand de cette Ville, "
ledit Jacques Buiffon demanda en confidence au dépofant, "
que pourroit valoir le bien & heritage du Sr de Caille en "
France ; à quoy luy dépofant auroit répondu eftre tres-con- "
fiderable, fçachant qu'il confifte en deux Terres Nobles de "
Caille & de Rougon, ne pouvant pas declarer à quoy con- "
fiftoient les autres biens de cette famille ; & s'étant luy qui "
dépofe informé à quel deffein ledit Buiffon prétendoit s'inf- "
truire du mérite d'un heritage fi éloigné de Geneve, ledit "
Buiffon auroit répondu au dépofant, qu'on traitoit de don- "

I

„ ner la fille du fieur de Caille au frere dudit Buiſſon Lieute-
„ nant Colonel Suiſſe en France ; & le dépoſant avertit ledit
„ Buiſſon que le fieur de Caille avoit deux filles & un gar-
„ çon : mais iceluy Buiſſon repartit que l'aînée des filles étoit
„ morte, qu'il n'y avoit plus que la cadette que l'on traitoit à
„ ſon frere le Lieutenant Colonel, qui croyoit obtenir du
„ Roy, au moyen de ce mariage, la joüiſſance de toute cette
„ ſucceſſion de Caille, *Parce que le fils unique avoit quitté ſon*
„ *pere, s'eſtoit jetté dans les Troupes, où on aſſuroit qu'il eſtoit*
„ *mort, n'ayant eu aucune nouvelle de ce garçon depuis ſix ou ſept*
„ *ans qu'il manquoit d'auprès du Sieur de Caille ſon pere.* Et de-
„ puis le dépoſant ayant eu des conteſtations avec ledit du Buiſ-
„ ſon pour leurs affaires particulieres, ledit du Buiſſon auroit
„ fait conſtituer le dépoſant priſonnier au mois d'Octobre
„ 1699. & traduire dans la Conciergerie de ce Palais, ſur la fin
„ de Novembre même année ; où eſtant luy qui dépoſe, au-
„ roit vû un Priſonnier qui ſe diſoit fils du fieur de Caille, &
„ l'ayant obſervé attentivement d'abord qu'il fut arrivé, ne ſe
„ contenta pas luy qui dépoſe des apparences, voulût encore
„ l'interroger ſur divers faits arrivez à Nice, au lieu de l'Eſca-
„ renes, au temps de la ſortie du fieur de Caille : à quoy ce
„ Soldat répondit pertinemment & dans la verité aux deman-
„ des que le dépoſant luy fit d'abord à ſon arrivée ſans les avoir
„ communiquées à perſonne auparavant, & auſquelles le
„ ſoldat ſatisfit ſans heſiter ; & remarqua luy qui dépoſe,
„ qu'il avoit quelque reſſemblance audit fils du fieur de Caille
„ au tein prés, qui eſt préſentement beaucoup plus groſſier
„ que ne paroiſſoit celuy du fils du fieur de Caille alors ; ce
„ que le temps, la fatigue & la mer peuvent avoir changé. Il
„ répondit au dépoſant à tout ſur le champ ; & ayant eſté in-
„ terrogé s'il n'avoit jamais porté d'emplâtre ſous un œil dans
„ la Ville de Berne, il répondit, & montra au dépoſant la ci-

catrice de la fiſtule qu'il avoit ſous les deux yeux, parce qu'on «
luy donna un coup de lancette ſous chaque œil pour guerir «
ſes fluxions, & deſſecher ſes yeux qui pleuroient toûjours; «
& quand il eſtoit à Berne en Suiſſe, il portoit un emplâtre «
ſous un œil, & que l'autre œil fut gueri à Geneve à ce qu'il «
diſoit : mais le dépoſant eſt obligé de declarer qu'il a vû au «
fils du ſieur de Caille une fluxion ſur les yeux, qui les luy «
faiſoit pleurer continuellement, & a vû qu'il portoit un «
emplâtre ſous l'œil pour raiſon de ce; & le dépoſant croyant «
de découvrir s'il eſtoit veritablement le fils du ſieur de «
Caille ou non, par quelque interrogat, luy demanda en- «
tr'autres choſes, quelle conduite ſa famille tint à la ſortie du «
Royaume, & quelle voiture fut celle des Damoiſelles ſes «
ſœurs; & ſur le champ ce ſoldat répondit, qu'une partie de «
la famille paſſa de Caille à Nice, en paſſant par Graſſe & «
ſaint Laurent, & l'autre partie paſſa par Sigalle dans les mon- «
tagnes de Savoye, & ſe rejoignirent tous à l'Eſcarenes, & «
les Damoiſelles ſes ſœurs furent chargées dans une caiſſe «
chacune en forme de baſle de Marchandiſe ſur une bête de «
charge; ce que le dépoſant avoit entendu dire eſtre verita- «
ble. Toutes leſquelles circonſtances ont beaucoup plus d'ap- «
parence que ce ſoldat eſt plûtoſt le veritable fils du ſieur de «
Caille qu'un ſuppoſé; ne pouvant pas neanmoins détermi- «
ner au vray quel homme ce ſoldat peut eſtre, ny ſi c'eſt un «
domeſtique de la famille du ſieur de Caille, qui pût en avoir «
appris les avantures, & plus n'a dit ſçavoir; lecture faite y «
perſiſtant a ſigné. «

Et avant ſigner croit eſtre obligé de declarer encore un «
fait dont le dépoſant vient ſeulement de ſe reſſouvenir, qu'é- «
tant en conference avec ce même ſoldat dans la priſon «
d'Aix, en preſence d'un Laurent Tinturier de Marſeille au- «
tre priſonnier, un Genois qui eſt mort dans les priſons, & «

,, autres, & luy qui dépofe, qui avoit des Lettres & papiers
,, écrits du caractere du fieur de Caille, & de la Dame de Caille
,, fa mere, & des Dames de faint Eftienne & de Lignon, de-
,, manda au foldat s'il connoiffoit le caractere de fon pere ; à
,, quoy le foldat répondit, qu'il le reconnoîtroit s'il en voyoit;
,, & fur le champ luy qui dépofe découvrit divers papiers,
,, parmy lefquels, au lieu de mettre une lettre du fieur de Cail-
,, le, en mit une de la Dame de Caille fa mere, & dit au foldat
,, qu'il eut à reconnoître quelle eftoit la lettre de fon pere ;
,, & ledit foldat s'attachant feulement à la lettre de fa grand'-
,, mere, dit qu'il connoiffoit ce caractere, mais que ce n'eftoit
,, pas celuy de fon pere ; & le dépofant faifant gliffer adroite-
,, ment deux autres lettres, parmy lefquelles il y en avoit une
,, du fieur de Caille pere, fans hefiter le foldat s'adreffa à celle
,, du fieur de Caille, la reconnut pour eftre de fon pere, com-
,, me elle l'eftoit effectivement, & tenant la main deffus fe mit
,, à pleurer en difant: *Pere ingrat, voudriez-vous faire perir*
,, *voftre fang ?* ce qui fortifia encore plus le dépofant, que ce
,, foldat n'eftoit point un fuppofé, ne pouvant neanmoins
,, rien affirmer de pofitif; parce qu'il y a trop longtemps qu'il
,, a ceffé de voir le fils du fieur de Caille, qu'il n'a vû qu'en
,, paffant à Nice & à Berne, il y a environ quatorze ou
,, quinze ans, & plus n'a dit fçavoir, lecture faite, y perfiftant,
,, a figné.

,, Et avant ce faire declara qu'il écrivit à la D[e] de Lignon & à
,, la D[lle] de S. Etienne, qu'il venoit de voir le fils du fieur de
,, Caille en prifon, & leur marqua toutes les particularitez
,, dont mention eft faite cy-deffus ; & lefdites Dames répon-
,, dirent par leurs lettres, que le dépofant ne fe fouvient pas
,, s'il les a confervées ou non, que ce foldat eftoit un fuppofé,
,, que ce *pouvoit eftre un domeftique*, qui fe difoit fils du fieur
,, de Caille, mais *que le veritable eftoit mort ;* & plus n'a dit,

lecture de nouveau faite, y perſiſtant, a ſigné. Signez PILLET, "
BOYER & DE REGINA. "

La Dame Rolland a tant de chagrin de voir que toutes les fauſſetez de ſon mary ſont devenuës inutiles, qu'elle le fait ſentir à tout le monde. M. le *Preſident de Coriolis*, M. le *Preſident de Maliverny*, & M. *de Villeneuve Conſeiller*, en ont éprouvé les plus violens effets. Elle attaque leur integrité ſur des pretextes ſi pueriles, qu'il eſt bien mal-aiſé de les lire avec moderation : mais l'équité reconnuë, & le merite perſonnel de ces Magiſtrats, les met fort au-deſſus de pareilles calomnies, qu'un parfait mepris eſt la ſeule réponſe qu'on y doit faire. *Pag. 183.*

La Dame de Serry ne doit pas s'étonner après cela, de ce qu'on l'outrage ſi vivement dans le Memoire. La ſeule qualité de belle-mere du deffendeur luy attire la haine de la Dame Rolland, qui n'y épargne qui que ce ſoit. La vertu & la condition honneſte ne ſuffiſent pas pour arreſter ſes invectives : Les perſonnes de la pieté la plus ſolide, & du rang le plus diſtingué n'en ont pas eſté exemptes ; ainſi eſtant traitée de la même maniere que Madame la Marquiſe de ſaint Juers, Madame la Marquiſe de Puy-Loubier, & Madame la Comteſſe de Galean, elle aimeroit moins les loüanges de la Dame Rolland, qu'elle n'aime ſes injures mordantes : c'eſt une preuve de merite que d'en eſtre l'objet.

La Dame Rolland a groſſi ſon Memoire de l'Interrogatoire ſubi par le deffendeur devant le Lieutenant de Toulon, auquel elle a ajoûté des Reflexions preſque à chaque article, & ſur lequel elle établit tous ſes raiſonnemens ; mais elle les établit ſur un fondemunt qui eſt abſolument faux. *Memoire page 61. juſques à 81.*

Cette Procedure avoit eſté faite par des Juges entierement dévoüez à la Dame Rolland. Le deffendeur s'estoit rendu appellant du Decret d'informer, & de toute l'instruction du Procez. Son appel ayant esté relevé au Parlement de Provence, la dame Rolland y fit apporter une grosse de la Procedure. Le sieur de Caille ayant appris qu'on l'y faisoit parler autrement qu'il n'avoit fait, presenta Requeste le 20. Fevrier 1703. pour faire rapporter l'original de l'Interrogatoire ; ce qui fut ordonné par un Arrest du 7. May suivant : mais cette piece importante fut trouvée si defectueuse, si pourrie, & si peu lisible en plusieurs endroits, que n'estant pas en estat d'estre reçûë, on la refusa au Greffe. Le Greffier du Juge de Toulon fâché de ce qu'on y regardoit de si près, fit diverses sommations à celuy du Parlement d'Aix, pour qu'il eût à la recevoir. Enfin dans l'Acte de remise que l'on en fit au Greffe, il fut fait mention de l'estat où estoit cet Interrogatoire. Et dans la suite le Parlement d'Aix *a cassé toute cette Procedure, & l'a declarée nulle* par son Arrest deffinitif du 14. Juillet 1706.

L'objection qui a paru la plus forte contre le deffendeur, a esté *qu'il ne sçait ni lire ni écrire.* La plûpart des hommes cherchent à prouver leur science, & le sieur de Caille s'est trouvé dans la desagreable necessité de prouver son ignorance. Il paroist par la déposition de plusieurs témoins que l'on a marquez en marge dans l'exposition du fait, & dans la Table, *qu'il n'a jamais rien pû ni voulu apprendre* : Pour sçavoir lire, il faut que les dispositions de l'esprit & du corps se rencontrent ensemble ; les unes & les autres manquoient au deffendeur ; & suivant le langage de presque tous ses témoins, il a toûjours eu de si *grandes fluxions aux yeux*, qu'il ne pouvoit lire qu'avec des peines inconcevables. Ces incommoditez jointes à son humeur extremement *volage*, le dégoûterent si fort de la lecture, *qu'il jettoit ses*

Livres loin de luy avec emportement ; & du Chefne fon Pre-
cepteur luy avoit toûjours predit qu'il ne fçauroit jamais
rien.

Mais il n'eft pas extraordinaire que le deffendeur, quoyqu'homme de qualité, ne fçache pas les chofes qu'il devoit
fçavoir.il s'eft trouvé des perfonnes, dont les unes par ftupidi-
té, d'autres par indocilité, & d'autres par des incommoditez,
n'ont tiré aucun fruit de la bonne éducation qu'ils avoient
reçûë. On pourroit citer plus d'une perfonne de condition
qui prouveroit ce que l'on avance : & il y a actuellement
à Paris, un homme qui après avoir efté huit ans au Col-
lege, a fi peu profité de toutes les peines que l'on avoit
prifes pour luy, qu'il ne fçavoit feulement pas lire, & qu'il
a efté obligé de fe mettre en meftier. •

Si le Sieur de Caille n'a pas les qualitez brillantes d'un
Gentilhomme, il eft certain qu'il en a lès effentielles, qui
font le cœur, la bravoure & la generofité. Il fait connoître
fur tout par cette derniere vertu, & par fa charité envers
les pauvres, qu'un Gentilhomme ne fe dement jamais. Il
en donna des marques dans une occafion qu'il ne fera pas
inutile de rapporter icy, pour détruire la mauvaife im-
preffion que la dame Rolland veut donner contre le deffendeur dans fon Memoire, en difant : *Qu'il avoit chaßé*
impitoyablement les pauvres de la maifon d'habitation du Sr de
Caille pere à Manofque, dont elle leur avoit fait une donnation
entre-vifs en 1698.

Quand le deffendeur fut conduit à Manofque lieu de fa
naiffance, pour s'y faire connoître, accompagné de M. de.
Boyer d'Aguilles fon Rapporteur, il paffa devant cette
maifon de fon pere; il la reconnut, & s'arreftant, il em-
braffa tout en larmes les grilles des feneftres baffes, & dit
aux pauvres de la Charité qu'il vit paroître : *Vous eftes de-*

dans , & moy qui suis le fils de la maison , je suis dehors, mais je ne vous en chasseray pas. Le cœur du sieur de Caille parla dans cette occasion : il auroit effectué sa promesse, si depuis l'Arrest qui luy a rendu son Estat, les Administrateurs ne luy avoient pas disputé la proprieté de cette maison ; & si, en voulant conserver ce bien aux pauvres par un moyen aussi odieux , ils ne luy en avoient pas fermé les portes , & n'avoient pas déposé & fait déposer contre luy dans les Enquestes, en le traitant d'imposteur. De sorte qu'il n'y a pas de raison de l'accuser *d'avoir chassé les pauvres impitoyablement ;* puisque ç'auroit esté en quelque façon tomber d'accord que les Administrateurs de la Charité l'avoient méconnu avec justice , s'il les eust laissé en possession de cette maison.

Il est bon de remarquer que la dame Rolland, qui voudroit faire un si vain étalage de sa charité, n'estoit liberale que du bien du deffendeur son neveu, puisqu'elle ne fit cette donnation qu'en 1698. & qu'elle sçavoit parfaitement bien qu'il s'estoit sauvé d'auprès de son pere dès l'année 1690. ce qui a esté prouvé par les dépositions de la Dame de S. Juers, & de 25 temoins que l'on a déja citez : de plus la Dame Rolland avoit dit elle-même en 1697. *que son neveu de Caille n'estoit pas mort.* Mais après tout croit-elle prouver la prétenduë iniquité de l'Arrest, parce qu'il luy plaist de dire que le sieur de Caille a esté impitoyable envers les pauvres de Manosque ?

Enfin il est certain qu'à examiner sans prévention l'air, les manieres , & la figure du deffendeur, personne ne le prendra pour estre d'une aussi basse extraction que ses Parties adverses l'avoient voulu faire passer. La blancheur de ses bras & de son corps, la delicatesse de ses mains, & la finesse de sa peau , sont des choses incompatibles avec le

mestier

meſtier de Cardeur, & celuy de Marinier de Rame. Tout le monde ſçait que ces ſortes de gens ont les mains pleines de calus & de duretez, & la peau tres-groſſiere, ſur tout les Mariniers de Rame, qui eſtant à demy nuds & expoſez à l'air de la Marine, & à l'ardeur du Soleil, ont toûjours la peau noire & brûlée.

Il eſt inutile d'ajoûter icy que ceux des témoins qui ont fait le portrait du veritable *Pierre Mege*, l'ont dépeint tres-different du deffendeur ; & qu'un tres-grand nombre d'autres, & même des parens de *Pierre Mege*, & deux de ſes oncles, ont avoüé franchement ne pas reconnoître *Pierre Mege* en la perſonne du deffendeur.

Si on s'attachoit à tous les endroits du Memoire qui meriteroient d'eſtre relevez, on courroit riſque d'approcher trop de la longueur dont il eſt ; on parlera ſeulement en paſſant de quelques contradictions manifeſtes qui s'y rencontrent.

La Dame Rolland voulant perſuader que le deffendeur n'eſtoit pas fils du Sr de Caille, dit : *Qu'il aborda quatre femmes, qu'il en ſeduiſit une, que les trois autres, qui ſont la belle-mere, & les belles-ſœurs, y donnerent les mains ; qu'il profita de leur travail ; qu'il prit le nom & la place du mary dont la mort n'eſtoit pas certaine ; qu'il diſpoſa des rentes, qu'il reçut les revenus, qu'il donna des quittances ſous le nom du mary legitime, &c.* A quoy elle ajoûte quelques lignes plus bas : *Peut-on ſe perſuader que c'eſt le fils du Sr de Caille qui a exercé ces infames emplois ?* Donc, ſelon la Dame Rolland elle-même, ce prétendu *Impoſteur* n'eſtoit pas *Pierre Mege* ; car s'il l'eut eſté effectivement, on ne l'accuſeroit pas aujourd'huy, comme on le fait, *d'avoir ſeduit ſa femme, ſa mere & ſes ſœurs.* En un mot il ne tombe pas ſous les ſens, qu'il pût eſtre celuy dont il prenoit la place.

Pag.21.du
Mem.

K

Ne pourroit-on pas plus juſtement dire , que c'eſt icy *que l'eſprit eſt la dupe de l'imagination.* Voilà une contra-diction aſſez forte ; quand on s'égare ce n'eſt pas pour un peu. Paſſons à une autre qui ne l'eſt pas moins.

La Dame Rolland parle de divers Enrôllemens de *Pierre Mege ; l'un de Pierre Mege de Joucas fait a Meſſine en 1676. un autre de Pierre Mege dit ſans Regret , de Marſeille , âgé d'environ 25. ans , du 11. Fevrier 1694.* que le deffendeur a deſavoüé au Procez, *(†) le dernier eſt encore de Pierre Mege dit ſans Regret, du lieu de Joucas en Provence, âgé de 25. ans, taille cinq pieds cinq pouces , cheveux noirs , marié avec Honnorade Venelle , enrôlé pour Soldat ſur la Galere la Fidelle, le 5. Mars 1695. &c.*

Pag. 112. 114. & autres du Mem.

C'eſt ce dernier Enrôlement que le deffendeur a avoüé eſtre de luy au Procez jugé par le Parlement de Provence , quand il vivoit dans le deſordre avec *Honnorade Venelle.* L'âge & la taille qui y ſont marquez luy conviennent par-faitement : mais il eſt à propos de faire remarquer comme tous ces Enrôlemens confrontez l'un avec l'autre prou-vent clairement qu'il y a eu deux hommes qui ont porté le nom de *Pierre Mege.* La Dame Rolland dit : *Que Pierre Mege de Joucas s'eſt enrôlé à Meſſine ſur la Galere la Fidele, le 16. Avril 1676.* Quelques pages après elle rapporte un Extrait du Regiſtre de la Communauté de Marſeille de 1694. qu'elle *aſſure eſtre tres-fidele, & ne pouvoir eſtre at-taqué ;* par lequel il paroiſt que *Pierre Mege , dit ſans Re-gret , avoit 25. ans ;* ſi en 1694. ou en 1695. ce ſecond *Pierre Mege* avoit 25. ans, il n'en auroit donc eu que ſept en re-montant à ce premier enrôlement de 1676. ſi ç'eût eſté le même homme : cependant il a eſté prouvé au Procez qu'en 1676. le veritable *Pierre Mege* avoit 19. ou 20 ans; ainſi ſi le ve-ritable *Pierre Mege* avoit 20. ans en 1676. n'en auroit-il eu

Pag. 116. 117. & 137.

que vingt-cinq dix-huit ans après en 1694. oû 1695. Voilà
par exemple, ce qui s'appelle de vrayes *Impoſſibilitez phy-
ſiques.*

Il faut ſans doute que le Sieur Rolland n'ait pas vû les
épreuves des feüilles où ſont toutes ces dattes, il n'auroit
pas manqué, ſuivant ſa loüable coûtume, de les reformer
pour les faire quadrer à ſon ſiſtême. Il ne doit pas s'étonner ſi l'on parle de cette ſorte, la Dame ſa femme n'a pû
s'empêcher d'avoüer dans ſon Memoire, que *le Sr Rolland* Pag 189.
ſon mary avoit fait quelques changemens dans les Revelations
de ſept ou huit temoins ; que cela ne conſiſtoit que dans quelques
corrections d'orthographe, & dans le changement de quelques
dattes. Il eſt vray qu'on ajoûte, *Que ce n'eſt qu'une minutie*
qui ne meritoit pas la peine d'eſtre relevée.

On voit bien certainement que le Sr Rolland n'eſt pas
homme à s'épouvanter de ces ſortes de *Minuties.* Il faut cependant luy rendre juſtice; on ne peut pas pouſſer l'exacti-
tude plus loin qu'il l'a fait; il n'a commis qu'une vingtaine de
fauſſetez par le ſeul amour de *l'Orthographe,* & de *la Chrono-*
logie.

Mais, à parler ſerieuſement, ſe peut-il qu'un Avocat
General d'une Cour ſuperieure traite de *Minuties* des alterations faites de ſa propre main, dans un cayer original
des Revelations de témoins d'un Monitoire, qu'un Curé a
eu la lâche complaiſance de luy abandonner, quoique cela
deût être une choſe ſacrée & d'un ſecret inviolable; ſur-
tout dans une affaire importante dont les dattes ſont le
nœud & la déciſion, & où une ſeule datte changée eſt
eſſentielle, & d'une conſequence infinie?

Il y a 16. témoins de la propre Enquête de la Dame 98. 99.
Rolland qui ſe plaignent *de ce qu'on leur a fait dire des cho-* 100. 101.
ſes dans leurs révelations dont ils n'avoient point parlé, tant 103. 106.

107. 114.
116. 117.
137. 140.
148. 155.
156. 162.
R.

fur la taille , la voix & la figure de *Pierre Mege*, que fur d'autres faits particuliers, qui fe plaignent *qu'on y a changé des dattes* , & qui difent: *qu'au lieu qu'ils avoient dit dans leur révelation , ne connoître Pierre Mege que depuis 5. ou 6. ans , on y avoit mis 18. ou 20. ans* : & ils ont défavoüé ces changemens en dépofant en Juftice : cela fait voir de quelle confequence étoit la moindre alteration d'une feule datte ou d'un feul mot ; car les témoins qui dépofent qu'ils ont connu le Deffendeur pour *Pierre Mege* depuis 7. ou 8. ans , ne prouvent rien contre luy , puifqu'il a porté ce faux nom depuis ce temps-là ; mais fi à ces chiffres on adjoûte un 1. ou un 2. cela fait 17 ou 28 ans, qui font des époques auffi contraires au Sieur de Caille qu'elles le font à la verité.

On ne fait point ces remarques pour toucher en quoy que ce foit l'affaire au fond , mais pour faire voir en paffant, de quelle confequence étoient ces alterations du Sieur Rolland qu'on traite de *minuties*.

La maniere dont le Sieur Rolland fit faire pour la Dame fon époufe, l'enquête contraire à celle du Sieur de Caille donne à connoître clairement laquelle des deux parties avoit la verité pour foy. Du côté de la Dame Rolland , on voit une affectation recherchée pour embroüiller la procedure, des témoins fubornez, des gens d'affaires corrompus, des révelations de Monitoire alterées, le fer & le poifon employez: au lieu que du côté du Deffendeur on voit une franchife & une fincerité parfaites, des pieces valables, des témoins veridiques ; on voit un accufé qui demeure volontairement *en prifon* pendant plufieurs années , qni ne veut pas profiter d'une occafion que fes ennemis luy fourniffoient exprés pour le faire fauver, pendant que tous les autres prifonniers s'évadent ; quoiqu'il

65. 67.
154. 185.
199. 201.
203. 229.
232. 179.
188. 189.
207. 217.
273. 316.
187. 193.
208. 221.
&c. C.

fût à la veille de fon Jugement, & que tout le monde luy
affeurât que le Parlement étoit contre luy ; un homme qui
reffufe plufieurs fois des fommes d'argent qu'on luy of-
froit pour le faire difparoître, un homme enfin à qui on
met en vain le piftolet fur la gorge pour le forcer à ne fe
plus dire le fils du Sieur de Caille, & qui cependant ai-
moit mieux refter dans le déplorable état où il étoit , &
s'il faut ainfi dire , mourir martyr de la verité , que de
renoncer à fon nom & à fa condition. Sont-ce là encore
de ces faits où *l'efprit credule devient la duppe de l'imagi-*
nation? Les vains raifonnemens, les fubtilitez de la Dame
Rolland, ne doivent-elles pas ceder à la réalité qui les détruit ?

 On a accufé le Deffendeur d'avoir commis plufieurs fauffetez comme étant *Pierre Mege,* en recevant fous ce nom
quelques petites fommes comme mary d'Honnorade Venelle ; fur quoy on le traite *de fripon , de fcelerat , d'adulte-*
re , & de diverfes autres epithetes de cette forte, qui font
les meilleures raifons de la Dame Rolland. Encore une
fois il n'étoit donc pas *Pierre Mege* ; car s'il l'eut efté effectivement, ce qu'il a reçû luy appartenoit, & on ne peut pas
l'accufer d'avoir fait des fauffetez comme Mege, qu'on ne
le reconnoiffe Caille.

 Mais ces prétenduës fauffetez dont on accufe le Deffendeur font-elles comparables à celles qu'a commifes le Sr
Rolland ? Celles du Deffendeur ne nuifoient à perfonne,
& ne faifoient tort qu'à luy-même ; celles du Sr Rolland alloient à dépoüiller un légitime heritier, & à faire perir un
innocent. Le Sieur de Caille n'a tiré pour tout bien d'Honorade Venelle que la rente de douze francs par an ; & le
Sieur Rolland plaidoit pour s'approprier un bien confiderable dont il étoit en poffeffion.

Il n'y avoit que le veritable *Pierre Mege* feul , qui pouvoit demander juftice de ce que le Deffendeur avoit pris fon nom ; Honnorade Venclle bien loin de s'en plaindre l'a redemandé comme étant fon mary ; mais l'honneur , la Juftice , les Loix condamnent le Sieur Rolland qui vouloit retenir un bien , aux dépens du fang de celuy à qui il appartenoit.

Quelle difference ne doit-on pas faire entre un infortuné fans appuy , fans reffource , qu'une fauffe crainte jointe à la mifere avoit réduit à être Soldat , que fon peu d'intelligence expofoit à la mauvaife volonté de fes ennemis , & qui n'a couru rifque de fe perdre que pour avoir fuivi avec trop de franchife les confeils artificieux de leurs emiffaires cachez ; & un homme établi , revêtu d'une Charge confiderable , & entendu dans les affaires comme l'eft le Sieur Rolland?

Quelle difference enfin n'y a-t'il pas entre un homme du caractere fimple du deffendeur , un homme jeune & fans experience , qui fans connoître les confequences de ce qu'il faifoit , n'a paffé quelques actes en qualité de *Pierre Mege*, que pour foutenir un faux nom qui l'aidoit à fe cacher ; & un homme comme le Sr Roland, d'un âge confommé , nourri dans la procedure , élevé dans le Palais, un Magiftrat , un Avocat General d'un Parlement , dont toutes les démarches doivent être felon l'équité , qui corrompt des gens d'affaires , fuborne des témoins , altere des révelations , & falfifie des pieces. Dans la place qu'il occupe les moindres manquemens font autant de fautes confiderables ; il y devroit fervir de modele de probité ; bien loin de là , celuy qui devroit demander la punition du crime, eft celuy même qui l'autorife par fon exemple.

Voudra-t'on après cela égaler les fauffetez du Sieur Rolland à celles du Sieur de Caille ? **La crainte**, la neceſſité, de mauvais conſeils ont fait faire les unes ; l'intereſt ſordide, l'inhumanité ont fait faire les autres.

D'ailleurs c'eſt le deffendeur qui s'étant declaré en Juſtice fils du Sieur de Caille, s'eſt acculé luy-même d'avoir pris auparavant le faux nom de *Pierre Mege* quand il s'étoit enrôlé ; & l'on a trouvé cette faute ſi legere, ſur-tout dans les circonſtances où elle avoit eſté commiſe, que M. le Procureur General du Parlement de Provence n'a fait à ce ſujet aucun Requiſitoire contre luy.

Bien loin que l'aveu que le ſieur de Caille a fait de ſes manquemens, & des fautes où l'ignorance & la neceſſité l'ont fait tomber, doivent luy nuire, il eſt naturel de dire au contraire, que cette naïveté avec laquelle il les a avouées, eſt un gage aſſuré de ſa ſincerité dans tout ce qu'il a avancé; ainſi *ce Soldat de Marine*, ce pretendu *fils de Forçat de Galere*, ce malheureux; & pour repeter l'injure pompeuſe & poëtique dont la Dame Rolland croit accabler le deffendeur, *ce vil enfant de la terre, qui ne peut joüer le perſonnage d'impoſteur qu'en faiſant l'infame recit d'une vie remplie d'ordures & de proſtitutions , & qu'en s'avoüant coupable d'un tiſſu de fauſſetez.* Cet homme, dans le fond, pour parler plus naturellement, eſt un fils infortuné, qui fuïant les cruautez d'un pere dont le cœur dementoit la qualité, a eſté reduit par la neceſſité de vivre, à prendre & à ſoûtenir quelque temps un *perſonnage* qui luy en donnoit les moyens ; & qui a avoüé ſes fautes avec franchiſe, lorſqu'il a falu découvrir pleinement la verité devant les Juges.

Page 59. du Memoire.

Les demandeurs ſe rapportent en une infinité d'endroits de leur Libelle *au jugement du public* ſur la deciſion de l'affaire dont il s'agit. Mais il n'eſt pas poſſible ſur la ſimple lecture d'un Memoire de l'une des Parties, de juger ſainement d'une queftion d'Eftat, & d'une Affaire criminelle auffi importantes, où il y a eu plus de fix cens temoins d'entendus, une involution prodigieufe de Procedures, cinq à fix mille Pieces produites; & enfin qui a occupé pendant prés de huit ans un Parlement rempli de Juges auffi integres qu'éclairez.

Le Memoire rapporte une Lifte fort ample d'un grand nombre d'Impofteurs de divers temps & de differents païs, qui ont porté la peine de leurs crimes. Cela prouve beaucoup d'érudition, & une lecture profonde dans l'Auteur : *Pag. 84. 86. 146. 178. &c. du Mem.* mais en quoy., *le faux Alexandre, furnommé le Roy des Impofteurs, le faux Baudoüin, le faux Martin Guerre, le faux Alaouft, &) tant d'autres,* prouvent-ils *que le Sr de Caille eft Pierre Mege ?* La Dame Rolland prouve elle-même par fes injures qu'il ne l'eft pas.

On eft perfuadé que ceux qui ont confondu ces Impofteurs fameux, n'ont employé contre eux aucunes Pieces falfifiées, ni fuborné aucuns témoins, ni certainement alteré aucunes Revelations de Monitoires. C'eft par la verité feule qu'on a fait connoître leur Impofture. Quand on a une bonne caufe, on n'employe que de bons moyens pour la deffendre; jamais la verité ne fut prouvée par le menfonge ; ce feroit bleffer fa pureté. Le fieur Rolland a-t'il tenu le même procedé dans l'Inftance de *pretenduë fuppofition* qu'il avoit intentée contre le deffendeur ? Qu'il foit fincere & droit au moins une fois en fa vie, & qu'il avouë ce qui en eft.

Dans ce que l'on dit, ou dans ce qu'on écrit pour le fieur de Caille tout eft fincere, tout eft vray : dans ce que l'on dit ou dans ce que l'on écrit pour le fieur & la Dame Rolland tout eft artificieux, tout eft alteré.

Qui doit donc paffer pour Impofteur, ou de celui à qui on en donne le nom fans qu'il l'ait merité par aucuns crimes, ou de

celuy

celuy qui par mille actions en a merité le nom, que ses seuls partisans ne luy donnent pas ?

Il est vray que le sieur Rolland rapporte des Certificats authentiques du Parlement de Grenoble, & du feu sieur Cardinal le Camus, pour prouver la sincerité de sa conversion, & sa probité. Les personnes qui occupent de certains postes devroient n'avoir pas besoin de se justifier ; un certificat de probité leur fait tort, cela marque qu'il leur estoit necessaire : cependant après ceux que rapporte le Sr Rolland on ne doute nullement de la sienne par les formes ; mais pour le fond, c'est le Parlement d'Aix qui en decidera, en statuant sur les cinq crimes capitaux dont le Sr Rolland est accusé.

Le sieur de Caille ne relevera plus aucunes des calomnies artificieuses, ni des mensonges pleins d'imposture, dont le libelle est tissu ; ceux qu'il a découverts suffisent pour faire juger de tous les autres.

Il ne s'attachera qu'à justifier une verité fatale, dont il s'estimeroit trop heureux d'achepter la fausseté au prix de tout son sang ; c'est le *desaveu de son Pere*. Il se souvient toûjours qu'il est Fils, quoique son Pere n'ait que trop oublié à son égard qu'il estoit Pere.

Ce n'est qu'avec une douleur, aussi amere que profonde, qu'il se trouve obligé malgré luy, pour la deffense de son honneur, qui luy est mille fois plus cher que sa vie, de se plaindre du peril ignominieux, où son Pere l'avoit exposé ; son cœur desavouëroit encore sa bouche, si la verité dominante ne luy deffendoit de la desavouër elle-même. Enfin sans blesser la sensibilité de son cœur, & sans méconnoître l'empire de la verité, il satisfera l'une & l'autre en gardant le silence, & en laissant parler son deffenseur.

L

P. 37. du mémoire.

On fçait bien *qu'il n'eſt pas naturel de penſer qu'un Pere ſoit aſſez denaturé pour deſavouër ſon fils unique, & pour le livrer entre les mains d'un Bourreau.* L'on ſe recrie auſſi, parceque cela *n'eſt pas naturel, que cela ne ſe peut pas conce-voir*; Et que cependant cela eſt. On eſt trés perſuadé *que la nature n'eſt point muette* dans le cœur du ſieur de Caille le pere. Il y a des témoins de ſes remords qui lui ont entendu dire *qu'il ne ſe repentoit que trop d'avoir deſavoüé ſon fils, & qu'il voudroit qu'il lui en eût coûté la main & ne l'avoir pas fait.*

Il eſt des gens d'un caractere incapable de reculer, quand ils ont fait le premier pas. Ils croyent qu'il leur ſe-roit plus honteux de reparer leurs premiers manquemens, que d'y en ajoûter de nouveaux pour les ſoutenir. On ſe fait en ſoy même un merite d'une fermeté outrée. Il eſt des ver-tus apparentes, qui ne conſiſtent que dans l'art de donner un beau nom à de grands vices ; l'opiniâtreté eſt de ce nom-bre, ſur tout en matiere de fauſſe Religion ; l'entêtement & la vanité y tiennent le plus ſouvent lieu de zele.

Ce ſont ſans doute de pareils ſentimens qui ont engagé le ſieur de Caille à continuer le premier deſaveu, qu'un mou-vement de colere & d'indignation luy aura fait former con-tre ſon fils ; l'orgüeil le luy a fait ſoutenir, aux dépens même de ſon cœur.

Nous n'avons que trop d'exemples dans tous les temps, de Peres en qui la cruauté, ou d'autres paſſions violentes, ont démenty cette qualité ſi tendre, en faiſant perir inhu-mainement leurs Enfans. Les uns l'ont fait par ambition, d'autres par colere, d'autres par un intereſt ſordide, d'au-tres ſur-tout par un attachement aveugle à leur religion.

Tous les motifs les plus violents ſe ſont réünis dans le cœur du ſieur de Caille contre ſon fils. L'averſion naturelle qu'il a toûjours eu pour luy, qui sembloit justifiée par le peu de talens qu'il luy trouvoit; cette aversion qui est d'autant plus dangereuse, qu'elle rompt imperceptiblement tous les liens naturels; l'ambition qui le faisoit souffrir cruellement de se voir un unique heritier, qu'il trouvoit indigne de l'estre; l'interest, qui luy faisoit apprehender que son fils outré de ses mauvais traitemens, ne luy donnât pas les mêmes secours que le sieur Rolland luy procuroit; enfin l'indignation & l'emportement prodigieux dont la difference des Religions peut remplir le cœur d'un Pere aveuglement attaché à la sienne.

Quoyque celle dont est le sieur de Caille le pere, ne permette pas l'homicide, un homme qui la suit peut en être capable. Une fausse Religion auroit-elle plus de pouvoir sur ses Sectateurs que la veritable n'en a sur ceux qui la suivent, par qui l'on voit cependant violer tous les jours les Loix les plus saintes?

La Religion du Sieur de Caille peut *luy deffendre* à la verité de *désavoüer son fils*, mais son entêtement à ne se pas dédire, luy suggerant le contraire, est préferablement écouté. Il est vray que la nature s'y oppose; mais la nature ne doit plus parler en sa faveur: Il l'a trop méconnuë pour qu'elle puisse le justifier.

Les Loix Romaines avoient autrefois accordé aux peres le droit de vie & de mort sur leurs enfans, & les Loix Grecques n'avoient désigné aucun supplice pour les enfans parricides. Les Legislateurs Romains croyoient ne point hazarder la vie des enfans en la soumettant à la volonté de leurs peres; & les Legislateurs Grecs s'étoient persuadez qu'il ne se pourroit trouver aucun homme assez dénaturé pour ôter le jour à celuy de qui il l'avoit reçû. Cependant une fatale experience n'apprit que trop depuis de quoi les hommes sont capables quand ils s'abandonnent à eux-mêmes; quand ils oublient leurs devoirs, & s'écartent des voyes de la raison, pour ne suivre que l'impetueux torrent de leurs passions; c'est ce qui augmenta la severité des Grecs, & modera celle des Romains.

Si l'on rappelloit les histoires des siecles éloignez, on verroit un nombre considerable d'enfans qui ont été les victimes sanglantes de la politique, de la jalousie & de l'ambition de leurs peres, ou de cette ferocité outrée qu'ils honoroient du beau titre de discipline severe. Brutus ne fit-il pas trancher la teste à ses deux fils devant ses yeux, parce qu'ils avoient conspiré contre la liberté de Rome? Manlius Torquatus n'eut-il pas la même cruauté pour son fils, dont tout le crime étoit une valeur un peu trop vive? Dom Carlos ne paya-t-il pas par son sang la jalousie qu'il avoit donnée à son pere? Si de vaines idées de liberté & de discipline, & si de jaloux transports ont été capables d'animer des peres, jusqu'au point de vouloir rassasier leurs propres yeux du spectacle barbare de leurs fils mourans, qu'ils avoient toûjours cheris avec tendresse jusqu'au moment de leur faute; à combien plus forte raison le motif de la Religion qui a le plus de pouvoir & le plus d'empire sur le cœur de l'homme, peut-il exciter la colere & la haine d'un pere contre un fils, pour qui il n'avoit jamais eu que de l'antipathie?

L'établissement de la Religion Chrétienne a fait voir plus d'une fois les mains des peres aveuglez par le Paganisme, teintes du sang de leurs enfans Chrétiens.

Mais pourquoy chercher dans les siecles passez des exemples de l'excez où se peut porter un pere irrité contre son fils, pour avoir changé de Religion? Nous en avons un de nos jours, dont le seul recit fait horreur.

Un Prince d'Allemagne Lutherien ayant appris que son fils & ses deux filles avoient embraffé la Foy Catholique, se laiffa tellement emporter à la fureur aveugle de la fauffe Religion, qu'il plongea luy-même un poignard dans le sein de ce fils unique, que le seul changement de Religion avoit rendu coupable à ses yeux. * *Tantum Religio potuit* *fuadere malorum.* Les deux filles infortunées de ce Prince n'éviterent un pareil malheur que par la fuite. L'aînée eft morte depuis, & la cadette eft actuellement à Paris, où le Roy toûjours protecteur de la vertu, & zelé deffenfeur de la Religion Catholique luy fait une penfion.

Lucrece l. 1.

Ce terrible & trifte exemple d'un zele furieux, eft une preuve auffi vraye qu'effrayante, que la difference de Religion eft capable d'étouffer la voix de la nature dans le cœur d'un pere. Le deffendeur ne confirme que trop cette verité par la malheureufe experience qu'il en a faite, lorfqu'il s'eft vû en danger de perdre la vie, par le defaveu de celuy qui la luy avoit donnée.

Enfin la Dame Rolland finit fon Libelle *par la refutation qu'elle fait d'une nouvelle calomnie qui fe repand,* à ce qu'elle dit, *dans le monde au fujet d'un bâtard.* Elle interroge enfuite le deffendeur : *En quel temps, & en quel lieu ce bâtard eftoit né ? Si c'eft à Manofque ou à Laufane ? S'il eftoit fon contemporain ? Plus jeune ou plus vieux que luy ?*

A toutes ces queftions le Sr de Caille ne peut rien répondre. Il ne fçait certainement quoy que ce foit de ce qu'on luy demande; ce font des chofes dont un pere ne fait jamais confidence à fon fils. Le Sr Rolland qui feint d'interroger là-deffus le deffendeur, en fçait fans doute beaucoup plus que luy; puifqu'on peut avancer, felon le bruit commun de Provence, qu'il a prié, & même fortement preffé un des témoins de fon Enquefte, de ne point parler de ce bâtard.

Il est à croire cependant, s'il y a quelque chose de réel dans ce bruit, qu'il s'éclaircira mieux dans la suite, tant par les Informations faites en execution de l'Arrest du Parlement d'Aix du 14. Juillet 1706. que par celles qu'on continuë de faire en la même Cour en vertu de l'Arrest du Conseil du 18. Juillet dernier.

Mais cela n'a nul rapport avec l'Instance de cassation dont il s'agit uniquement au Conseil ; ainsi il est fort inutile d'en parler : sur-tout puisque le Parlement d'Aix a jugé la question d'Estat du Sr de Caille, sans avoir eu aucune connoissance du fait de ce bâtard.

Le deffendeur s'en tient précisément à ses défenses juridiques : il a détruit plûtost que debattu les frivoles moyens de cassation de la Dame Rolland. Les fins de non-recevoir incontestables qu'il a expliquées, font voir que le Conseil ne connoît point des Affaires Criminelles & Capitales au fonds ny dans la forme ; que le Procès qu'il a soûtenu au Parlement d'Aix a toûjours esté Criminel, & regardé comme tel depuis le commencement jusques au Jugement deffinitif ; & qu'en un mot par la Regle *non bis in idem*, une question d'Estat, ni une affaire Criminelle, ne peuvent plus estre jugées une seconde fois, tant la vie des hommes, & le repos des familles sont precieux à l'Etat & à la Societé Civile.

C'est ce qui fait esperer au Sieur de Caille, qu'au Tribunal auguste du Conseil, où il soûtient la justice & la validité de son Arrest, les Loix & l'équité feront en sa faveur pour la forme, ce que dans le fond la verité a fait pour luy au Parlement de Provence.

LAUTHIER, Avocat.

TABLES TRES-IMPORTANTES DES PRINCIPAUX

Témoins de l'Enqueſte de Mr. de Caille, & de la contraire Enqueſte de M. Rolland, qui en dépoſant ſur les faits déciſifs du Procés, ont été favorables à Monſieur de Caille.

Témoins de l'Enqueſte de M. de Caille.

3. 4. 5. 6. 8. 14. 16. 19. 21. 22. 23. 24. 25. 27. 28. 33. 47. 50. 51. 52. 54. 58. 61. 64. 71. 72. 76. 77. 80. 81. 83. 86 93. 94. 95. 98. 99. 102. 111. 116. 124. 137. 138. 140. 156. 159. 168. 169. 172. 208. 237. 238. 287. 364, &c.

10. 14. 27. 33. 47. 51. 52. 54. 64. 72. 76. 80. 84. 85. 86. 87. 93. 95. 109. 111. 113. 114. 117. 122. 124. 138. 172. 174. 152. 153. 287. 292. 323. 364, &c.

16. 22. 25. 27. 33. 50. 64. 72. 77. 81. 83. 84. 86. 93. 94. 106. 117. 122. 138. 287, &c.

11. 22. 43. 111. 154. 236. 247. 340. 389. &c.

18. 19. 310, &c.

10. 14. 28. 38. 43. 47. 60. 94. 97. 107. 111. 113. 116. 125. 178. 200. 236. 320. 370. 380. 334. &c.

Qu'il a eû dès ſa naiſſance, les yeux chargez & chaſſieux, les jouës enroncées, les os des jouës relevez, le menton pointu, les jambes menuës, les dents brunes & gâtées.

Qu'il ne pouvoit & ne vouloit rien aprendre, ni à lire ny à écrire, qu'il jettoit ſes livres avec emportement, & qu'il avoit peu d'eſprit dans ſon jeune âge.

Qu'il étoit d'une humeur volage, folaſtre, & en même temps emportée.

Qu'il avoit beaucoup d'ardeur pour la Religion Catholique.

Enteſtement du Sr de Caille le pere, pour la religion proteſtante.

La haine qu'il a toûjours euë pour le deffendeur ſon fils, le peu de cas qu'il en faiſoit; il l'enfermoit quand il venoit du monde, n'aimant pas qu'on le lui demandât, le maltraitoit cruellement, il en porte encore les marques: & diſoit : *qu'il le tuëroit plutòt que de lui laisser manger d'un autre pain que celuy qu'il mangeroit lui-même.*

1. 23. 59. 69. 83. 84. 102. 138. 146. 154. 171. 248. 265. 287. 292. 293. 322. 329. 339. 360. 361. 369. 377. 384. &c.

Que le sieur de Caille fils, s'est sauvé d'auprés de son pere, par conséquent qu'il n'est pas mort; qu'il y a du mistere dans cette mort; que son pere avoit fait traiter & enterrer une autre personne sous le nom de son fils; qu'il se repentoit vivement de l'avoir desavoué.

20.

Qu'aprés s'estre sauvé de chez son pere, il trouva près de Turin un Muletier de Provence, à qui il se fit connoitre pour fils de M. de Caille: dont il reçût quelques secours, & dont il ne voulut pas recevoir un écu, *dans la crainte,* lui dit-il, *d'estre tué & de ne le luy pouvoir pas rendre.*

186. 229.

Qu'il reçeut en 1691. un passeport de M. le Maréchal de Catinat, auquel il avoua qu'il étoit fils de M. de Caille.

208. 229.

Qu'ayant reconnu la même année 1691. à Nice, un bassin d'argent, marqué à ses Armoiries, il ne pût retenir ses larmes, & que cela éclatta dans la Ville, où il fut connu pour le fils de M. de Caille.

57. 182.

Qu'il s'est dit encore fils de M. de Caille en 1697. & 1698. pour se faire considerer, quoiqu'il portât alors le faux nom de *Pierre-Mege.*

19. 20. 33. 43. 68. 83. 98. 103. 106. 112. 114. 115. 129. 133. 134. 156. 159. 169. 174. 180. 209. 236. 272. 286. &c.

Que le Sr de Caille fils, a quelques airs de ressemblance de la Dame Rolland sa Tante mater-

15. 17. 26. 69. 184. 188. 193. 184.
384. &c.

8. 10. 16. 23. 24. 25. 42. 43. 47.
54. 64. 69. 72. 76. 78. 80. 81. 83.
94. 117. 124. 152. 169. 224. 300.
386. &c.
24. 25. 34. 42. 43. 45. 54. 64. 69.
72. 76. 78. 80. 104. 120. 124. 138.
159. 168. 200. 224. 300. 386. &c.

34. 42. 43. 54. 80. 120. 386. &c.

35. 171, &c.

42. 43. 69. 272. 300. 371. &c.

23. 50. 60. 69. 72. 111. 300. &c.

33. 43. 50. 51. 52. 61. 64. 72. 76.
77. 81. 83. 94. 112. 116. 125. 152.
174, &c.

nelle , de la Dame Dulignon sa
Tante paternelle, de la Dame de
Caille sa grand'mere , de son
ayeul, enfin de son pere & de sa
mere, aussi bien que d'autres parens & parentes.

Qu'il a esté reconnu par ses
parens qui n'avoient rien à pré-
tendre sur ses biens.

Qu'il a reçu dans sa jeunesse un
coup de pierre sur le sourcil gauche, dont il fait voir la cicatrice.

Qu'il a esté sujet dans son bas
âge à des humeurs froides , qui
sont un mal de famille, & qu'ayant
eu mal à un genouil, on lui donna
des coups de lancette ; dont il
montre les cicatrices.

Qu'il avoit apporté en naissant
une oreille entierement colée à
la teste , d'où on l'a separée par
une operation de chirurgie, dont
il fait voir la marque.

Qu'il avoit eu mal à un pied,
sur lequel les Chirurgiens ont
travaillé, dequoy il montre encore la cicatrice.

Qu'il a un os pointu derriere
la teste de même que son Pere.

Qu'il avoit reçû dans sa jeunesse des coups de lancette sous
les yeux, pour le guerir des fluxions considerables qu'il y avoit,
ce qui paroît encore.

Qu'il a toujours eu dés son
enfance, les cheveux fort bruns,
pendants & abbatus comme des
méches.

M

18. 27. 33. 52. 61. 64. 68. 71. 81.
83. 84. 94. 104. 106. 111. 364. &c.

Qu'il n'avoit que 14 à 15 ans lors de sa sortie du Royaume en 1685. avec son Pere; & qu'il n'a qu'environ trente sept à trente huit ans en 1705.

81. 93. 116. 276. &c.

Qu'il avoit la voix gresle & feminine.

42. 46. 59. &c.

Qu'il a fait un portrait très-exact de la personne de son Pere, qu'il a designé des marques particulieres qu'il a sur le corps , & qu'il a reconnu son écriture, & celle de sa Grand-mere.

35. 300. &c.

Qu'il sçait parfaitement la situation de la maison, où il habitoit à Lausanne.

377.

Le sieur de Caille Pere, assure positivement que son fils est mort entre ses bras ; cependant luy étant à Lausanne, la Damoiselle sa fille revient de Vevay en habit de dueil, & luy dit qu'elle vient de faire enterrer son frere , d'où il s'ensuit qu'il n'étoit pas mort entre les bras de son Pere.

60. 62. 63. 73. 150. 151. 167. 176.
177. 179. 208. 229. 362. 363. 365.
368. 372. &c.

Le veritable Pierre Mege est méconnu en la personne du Sr de Caille fils, étant d'une figure toute differente ; le propre frere de Pierre Mege , & Honorade Venelle , elle-même avouënt que le Deffendeur ne l'est pas.

74. 180. 181. 189. 201. 203. 208.
229. 232. 234. &c.

Le sieur Rolland a corrompu ceux qui avoient le soin des affaires du Deffendeur, par le moyen desquels il luy avoit fait donner de mauvais conseils.

30. 31. 52. 65. 67. 120. 121. 134.
190. 196. 199. 211. 213. 214. 219.

Le Sieur Rolland a suborné un grand nombre de Témoins, où

229.238.240.244.245.258.267.
270.278.279.280.290.294.295.
297.327.346.349.350.351.352.
&c.

179.188.189.193.207.217.273.
326.&c.

187.193.208.221.&c.

185.189.160.208.221.233.271.
322.&c.

par luy ou par ſes Emiſſaires, &
faiſoit tous ſes efforts pour empêcher que l'on ne dépoſât en faveur
du Sr de Caille.

Qu'il a fait empoiſonner le
Deffendeur.

Qu'il a voulu le faire aſſaſſi-
ner.

Qu'on a offert inutilement de
l'argent au Deffendeur, & qu'on
lui a fait des menaces en vain,
pour l'empêcher de ſe dire davantage le fils du ſieur de Caille, ou
pour le faire ſauver.

TEMOINS DE L'ENQUESTE DE Mᵉ ROLLAND,
qui dépoſent en faveur de M. de Caille.

15.   . Le Deffendeur avoit eu un mal
au pied dont il fait voir encore la
cicatrice.

167.   Qu'il avoit dès ſa jeuneſſe les
yeux chaſſieux , les os des jouës
avancés , les cheveux bruns & abbatus , & les jambes menuës.

67.   Qu'il avoit eu mal au genoüil,
dont il montre les cicatrices.

59.   Qu'il a de l'air de ſes parens, &
ſur-tout qu'il reſſemble à une de
ſes ſœurs.

67.   Qu'il avoit les dents gâtées dès
ſa jeuneſſe.

42. 122.   Pierre Mege méconnu en la perſonne du Deffendeur.

76.   La ſœur de Pierre Mege avouë
que le Deffendeur n'eſt pas ſon frere ;
& luy-même ne peut pas s'empêcher
de temps en temps de dire aux

sœurs de Pierre Mege, *qu'elles ne font que des gueufes, & ne font pas fes sœurs.*

98.

Oncle de Pierre Mege qui ne reconnoît pas le Deffendeur pour fon neveu, & qui defavoüe toutes les fauffetez que le Curé de Rouffillon avoit fait mettre dans fa révelation touchant la taille, la figure & la voix du Défendeur, déclarant ne luy en avoir pas ouvert la bouche.

155.

Autre oncle de Pierre Mege qui dit que *quand ce feroit plus qu'à la damnation de fon ame, le Deffendeur n'eft pas fon neveu,* & qui nie d'avoir revelé tout ce que luy avoit fait dire dans fa revelation le même Curé de Rouffillon.

99. 100. 102. 103. 106. 107. 114.
116. 117. 137. 140. 155. 156. 162.

Autres Parens & amis de Pierre Mege, qui déclarent qu'il leur a fait dire plus qu'il n'avoit dit, des chofes toutes differentes, enfin ce qu'ils n'avoient point dit ; que luy où fon frere leur avoient fait figner leurs révelations fans leur lire, & *qu'on y avoit ajoûté des dattes.*

148.

Témoin qui affirme *qu'au lieu des dattes de 5. ou 6. ans, on a mis dans fa révelation celles de 18. ou 20. ans.*

Monfieur LAUGEOIS D'IMBERCOURT Rapporteur.

Méffieurs {
DE MARILLAC.
CHAUVELIN.
VOISIN.
DE HARLAY.
DE NOINTEL.
ROUILLE DU COUDRAY.
} Commiffaires.